MW00811081

El libro de las profecías

Pedro Palao Pons

El libro de las profecías

CIENCIA OCULTA

hermética

Licencia editorial para Bookspan por
cortesía de Ediciones Robinbook, S.L., Barcelona

Bookspan
501 Franklin Avenue
Garden City, N.Y. 11530

© 2006, Ediciones Robinbook, s.l., Barcelona
Diseño cubierta: Regina Richling
Fotografía de cubierta: Corbis
Producción y compaginación: MC producció editorial
ISBN-13: 978-84-7927-771-0

Impreso en U.S.A. *Printed in U.S.A.*

Agradecimientos

A todos los que ya no creen, por permitirme que siga pensando que todo es una simple casualidad pese a todas las evidencias, pistas, detalles y claves ocultas que anuncian que esto se acaba.

A mi lectora, por poner objetividad, orden, y entendimiento, allí donde el caos del escritor se convierte en un maremágnum, pero sobre todo por mantener siempre la complicidad.

A Cal Druida, por acogerme en sus instalaciones durante las intensas semanas en que los miles de datos se convirtieron en páginas.

PRIMERA PARTE

Motivos reales para preocuparse

No hay que ser alarmistas. Tampoco es necesario que nos pasemos el día pensando en el momento en que llegará el fin. Pero, como suele decirse en matemáticas, los números cantan: estamos amenazados. La posibilidad real de que nuestro mundo, o como mínimo la concepción que tenemos de él, cambie de forma radical, es un hecho prácticamente incuestionable. Los profetas lo han anunciado. Algunos de sus vaticinios ya se ha cumplido, pero ahora es la ciencia quien nos recuerda que los visionarios no estaban tan lejos de la verdad como podíamos suponer.

Sin caer en alarmismos de profetas o visionarios, que también los hay, ni en teorías catastrofistas o milenaristas, tenemos motivos más que suficientes para estar «flemáticamente» preocupados. Los científicos han hablado, y, a diferencia de místicos o augures, la suya no es una revelación de origen divino, mágico o iniciático, sino fruto del estudio y análisis concienzudo de que algo está pasando. Algo que, por otra parte, los profetas han ido vaticinando de forma reiterada. Así pues, ambas ramas, la ciencia y la paraciencia, parecen tener razón.

Tenemos sobre nuestras cabezas, y también bajo los pies, según sea el caso, motivos reales y bastante plausibles para padecer una hecatombe que arrase nuestra cultura, especie y hasta planeta. La realidad es que un cambio climático, una epidemia global o el impacto de un meteorito podrían acabar con nuestro sistema de civilización, y eso es ya en sí el fin de nuestro mundo conocido.

Las amenazas que vienen

Debemos prepararnos. Cuando los profetas anuncian la oscuridad total, el fin de los días, la peste generalizada o la hecatombe para el ser humano, no siempre hablan de una zona concreta del planeta, sino que muchas veces parecen referirse a él de forma generalizada. Es cierto que algunas predicciones como las que iremos viendo pueden aludir a destrucción de ciudades concretas, pero las visiones suelen ser mucho más globales. La ciencia también piensa en global.

Un grupo de científicos convocado por el prestigioso diario inglés *The Guardian* efectuó análisis reales sobre la posibilidad del fin de nuestro mundo. Sus predicciones no son nada halagüeñas. Van desde las posibles catástrofes naturales producidas en nuestro mundo, hasta aquellas otras que tienen un origen exterior (como podría ser el impacto de un meteorito), y abundan también en la posibilidad del fin de nuestro mundo a causa de la acción humana. Lo peor de todo es que si miramos en conjunto, vemos que el apocalipsis ya está en marcha.

Extinguidos como los dinosaurios

Los videntes nos han hablado de noches de oscuridad total, de fuego que cae de los cielos, de la ira de los dioses lanzando muerte sobre los humanos... ¿Hay una posibilidad real?

20.000 posibilidades al día

Cada día caen sobre nuestro planeta 20.000 pedruscos celestes. La suerte es que son tan pequeños que, al entrar en contacto con la atmósfera terrestre, ésta se encarga de destruirlos, regalándonos en este acto de salvación la bella estampa de una estrella fugaz surcando los cielos. Pero el resultado es el mismo. Veinte mil objetos caen, día tras día sobre nuestro planeta.

Hace unos 65 millones de años una gran roca de al menos 10 kilómetros de diámetro que viajaba a 30 kilómetros por segundo impactó contra la Tierra. Su poder calorífico y destructivo era de decenas de millones de megatones; dicho de otra forma, el equivalente a dos o tres veces todo el arsenal destructivo atómico y nuclear que posee actualmente la humanidad. Su impacto, en la península del Yucatán, perforó 20 kilómetros de suelo y fundió la litosfera.

Dos kilómetros bastan para el fin

El científico de la NASA Donald Yeomans asegura que nos basta con un meteorito que sea cinco veces menor que el que extinguió a los dinosaurios para tener problemas. Si ocurriese, al margen del polvo generado en la atmósfera, que es suficiente para apagar la luz solar durante semanas (los famosos días de oscuridad total de los profetas), padeceríamos tormentas de fuego generadas por la reentrada de fragmentos calientes en la atmósfera y una terrible lluvia ácida.

Los científicos creen que en una escala de 1 a 5, la posibilidad de que nos caiga una gran roca encima durante los próximos 50 años es de 3.

La supernova que viene

Algunos videntes han mencionado que el sol se apagará, pero otros yendo más lejos lo han visto explotar. La buena noticia es que si bien está previsto que explote el Sol se cree que la humanidad ya se habrá extinguido con anterioridad. Claro que hay otro peligro más frecuente y hasta peor: De cuando en cuando una estrella gigante de nuestra galaxia se convierte en una supernova. Dicho así suena bonito. Lo malo es que la transformación implica la explosión total y absoluta de una estrella gigante. La última explosión detectada corresponde a la SN 1.979 C. Es la de una estrella que explotó en 1979, se descubrió en 2001 y en la actualidad sigue emanando su brillo.

Nuestra órbita, un tránsito peligroso

Una antigua predicción de los iroqueses afirma que «un día explotará una estrella y su luz llegará hasta nuestro horizonte cegando nuestros ojos». ¿Un simple mito? Difícilmente los chamanes iroqueses podían tener conocimiento de la existencia de supernovas, pero la ciencia sí.

Nir Shaviv, profesor de Física de la Hebrew University de Jerusalén, afirma que «los rayos cósmicos, como son los rayos gama, al explotar la estrella se expanden en todas las direcciones». Según el investigador, si tuviéramos la mala suerte de que nuestro planeta se encontrase en medio de dicha explosión podríamos padecer una nueva Edad de Hielo, dado que una descarga extraordinaria de rayos cósmicos supondría una radical bajada de las temperaturas.

Quemados en el fuego del Infierno

Tenemos una amenaza bajo nuestros pies y no sólo la de los terremotos. Aunque según algunos profetas las tierras se abrirán y, como afirma la vidente Margerite Connesar, «cuando ello suceda se abrirán las puertas del Infierno». Creencias al margen hay alguna posibilidad real de que ello ocurra. En cualquier momento, 1.000 kilómetros cuadrados de tierra pueden fundirse. Dicho de otro modo, cada 50.000 años despierta en nuestro planeta un supervolcán. El último en lanzar sus erupciones fue el Taupo, en Nueva Zelanda, hace unos 26.000 años. Se cree que el más devastador en la historia de la humanidad entró en erupción hace 74.000 años. Ocurrió en Sumatra, Indonesia, y la boca que abrió las puertas del Infierno fue la del volcán Toba.

Los vulcanólogos creen que, aunque la posibilidad es remota, hay un 0,15 por ciento de probabilidades de que un supervolcán entre en erupción en nuestro tiempo. De suceder, además de la ceniza, se inyectarían enormes cantidades de gases sulfúricos en la atmósfera que generarían un velo de ácido sulfúrico alrededor del planeta.

Engullidos desde dentro

Que sepamos, hasta la fecha ningún profeta se ha referido al peligro que puede suponer la experimentación con los aceleradores de partículas. ¿Cabe la posibilidad de que nuestro planeta desaparezca en la nada? En los últimos años existe la preocupación de que pueda llegar a formarse un estado de materia densa capaz de engullir nuestro planeta. No es el guión de una película de ciencia ficción, sino una teoría propuesta y desarrollada por Richard Wilson, profesor de Física de la Universidad de Harvard (EE. UU.). Hace siete años, mientras se estaba construyendo un Recolector Relativista de Iones Pesados, los científicos encargados del proyecto se preguntaron qué pasaría si a raíz de su trabajo se formase un estado de materia densa inexistente hasta el momento que pudiera crecer y terminar por engullir el planeta.

¿Sabemos calcular los riesgos?

Los científicos trabajaban en el mayor acelerador de partículas del mundo generando choques de iones de oro. El miedo era que la potencia fuera tal que se crease una gran densidad capaz de fabricar en el laboratorio un agujero negro. El problema no era la generación en sí de dicho agujero, sino que éste, al igual que se supone que hacen los que están en el Universo, comenzara a adquirir materia del exterior.

Comprendido dicho riesgo se llevó a cabo un cálculo para descubrir si era factible que se formase el peligroso agujero negro. Según Wilson: «Estamos bastante seguros de que por el momento ello no ocurrirá. Dicho de otro modo, no debemos temer que un agujero negro creado en el laboratorio engulla la Tierra tras la colisión de partículas». Desde luego, el resultado del análisis es alentador. ¿Qué pasará dentro de diez o veinte años con una tecnología más avanzada? ¿Puede el ser humano crear un acelerador de partículas de tal potencia que implique nuestra propia autodestrucción? Los primeros pasos ya se están dando.

La rebelión de nuestras criaturas

Los amantes de los temas esotéricos conocen una historia digna de película y que de hecho fue adaptada al cine: la de un ser creado del barro y mediante un proceso ceremonial mágico, un ser que recibe el nombre de golem, y se rebela contra los humanos.

En el año 2004 la novela de Isaac Asimov *Yo robot* traspasó las fronteras del papel instalándose en la gran pantalla. Su argumento se sitúa en 2035. La humanidad ha alcanzado un nivel de tecnología suficiente como para vivir cómodamente dejando los trabajos más ingratos a todo tipo de ingenios robotizados. Los robots tienen conciencia.

2050, el año clave

Hans Moravec, profesor del instituto de robótica de la Universidad de Carnegie Mellon Pittsburgh, prevé que todo esto sucederá un poco más lejos en el tiempo. Calcula que en 2050 existirán robots con una capacidad mental igual o superior a la humana. «La potencia de procesamiento de los controladores robóticos doblan su complejidad cada año. Hoy en día están justo por debajo de la complejidad de los vertebrados. Es cuestión de años, pocos, no muchos más de cuarenta, que alcancen nuestros niveles.»

En manos de los robots

En los próximos años conviviremos con sistemas robóticos avanzados que compartirán valores y objetivos de nuestra cotidianidad. Estarán en condiciones de atendernos, cuidarnos y realizar tareas complejas como efectuar diagnósticos o recomendar terapias. Para Moravec, «estas máquinas inteligentes aprenderán de nosotros, crecerán a partir de nosotros y las veremos como los hijos de nuestra mente. Serán nuestros herederos, llegándonos a ofrecer la inmortalidad si acabamos siendo parte de ellos». De nuevo, ¿un guión de ciencia ficción? ¿La robótica nos permitirá la inmortalidad? Seguramente sí, aunque el precio que pagar será transformarnos en mutantes biónicos. ¿Inviable? Kevin Warwick ya lo está consiguiendo. Lleva más de cien sensores implantados en un brazo y afirma que «tu cuerpo puede estar donde te lleve Internet». Warwick es considerado el primer hombre robot del mundo. Aun así, el problema real no es éste...

A nuestra imagen y semejanza

El problema es: ¿qué pasaría si los robots superinteligentes decidieran no estar subyugados a la raza humana? ¿Qué utilidad real tendrían los humanos para los robots? Los investigadores creen que la especie humana no sería más que un estorbo imperfecto para máquinas perfectas, inmortales, capaces de autogestionarse, de tener una propia evolución y de hacer todo ello en un mundo donde la tecnología es la herramienta indispensable, incluso hoy y para los seres humanos.

¿Tenemos fecha de caducidad?

Dos son las causas posibles, y más que suficientes, para destruir de una forma natural a la población. La menos grave es la denominada «decrepitud de los telómeros», que dicho así suena casi a guerra bacteriológica. Es mucho peor: ya los tenemos dentro. La segunda, bastante más peligrosa, recibe el nombre de «pandemia viral».

Nuestro fin está determinado

Cualquier animal dispone de cromosomas. En la extremidad cromosómica existen unos tapones protectores llamados telómeros. Sin ellos, los cromosomas se volverían inestables, caeríamos gravemente enfermos y moriríamos. Desde que nacemos, los telómeros empiezan a menguar. Son la fecha de caducidad no escrita que todos llevamos dentro.

El doctor en medicina de la Universidad de Viena Reinhard Stindl asegura que si el telómero se acorta más de la cuenta comenzamos a padecer dolencias como el cáncer, el alzhéimer o los infartos. Lo normal es que sea la edad la que genere este acortamiento, pero su estudio refleja que «padecemos una diminuta pérdida de la longitud del telómero de una generación a otra. Durante miles de años las generaciones que suceden a las anteriores tienen telómeros de menor tamaño. Dicho de otra forma, la especie humana cada vez está más cerca de la quiebra poblacional». La hipótesis de Stindl es que, salvo que lleguemos a un control telomérico, ya sea mediante las manipulaciones genéticas o de ADN y también a través de la química, la aparición de las denominadas enfermedades del envejecimiento puede darse a más corta edad.

Activar la decrepitud

La ciencia a veces omite pequeños detalles. Sabemos que desde un punto de vista médico y tecnológico tenemos posibilidades de establecer el control de los telómeros, aunque no sabemos a qué resultado podemos llegar. Ahora bien, ¿podemos generar un arma química capaz de afectar directamente el encogimiento natural de los telómeros? ¿Existe ya dicha arma? ¿Qué ocurriría con ella si cayera en manos del tan mencionado terrorismo internacional?

Algunos amantes de las teorías de la conspiración aseguran que el mejor atentado no es ni el más ruidoso ni necesariamente el más sangriento, sino el más silencioso y efectivo. Un arma química suficientemente desarrollada y basada en la decrepitud de los telómeros, una vez fuera inoculada a los seres humanos, podría producir que de una forma relativamente rápida enfermedades como el cáncer, en sus múltiples variedades, o disfunciones cerebrales o motrices como el alzhéimer, se instalasen cómodamente en una sociedad que, aparentemente ajena a todo ello, viviría una existencia normal.

Como vemos las amenazas son reales, forman parte de los estudios científicos y pueden producirse por fenómenos digamos «naturales», pero no son más que una simple muestra de lo que puede suceder. Aspectos terroríficos como los que veremos seguidamente. Situaciones que si bien difícilmente acabarán por completo con nuestro mundo, sí pueden afectar gravemente a nuestra vida como especie. Lo mejor de todo ello es que muchas de estas cosas los videntes y profetas ya las conocían ¿quién o qué les informó?

1

Tsunamis: el terror viene del mar

La tierra se romperá..., las zonas costeras se inundarán.
Emergerán nuevas tierras y los grandes terremotos,
las erupciones volcánicas y los cambios anunciarán
la nueva era.

EDGARD KAICE

El 26 de diciembre de 2004 la humanidad sufrió una pequeña extinción. Más de trecientas mil personas fallecieron a raíz del tsunami ocurrido en Asia. Las olas, cuyo frente sobrepasaba los 800 kilómetros, viajaban hacia su objetivo mortal, a una velocidad de vértigo alcanzando en puntos fulminantes los 800 kilómetros por hora. El origen de lo que posteriormente serían olas gigantescas que arrasarían con todo lo que encontrasen a su paso era un maremoto de 9,3 en la escala Richter. Para que nos hagamos una idea, algo así como la explosión de 32 millones de toneladas de TNT.

Lo más sorprendente de este hecho es que algunos profetas ya sabían qué acontecería. George Valley es uno de ellos.

Un día, mientras paseaba, se le apareció una extraña bola de luz que le proporcionó una inquietante visión: «Las aguas engullían las tierras». Según este visionario, «el tiempo de las inundaciones a gran escala viene marcado primero por los seísmos que generarán grandes olas que invadirán la India. Más tarde desaparecerán costas de aquella zona. Luego Japón sufrirá el mismo destino».

Cuando se agitan las aguas

Es evidente que maremotos con características como el de Asia no se producen con mucha frecuencia, pero sus efectos, siempre devastadores, nos dan una ligera idea del peligro que tiene para la humanidad un tsunami.

Difícilmente el fin del mundo vendrá de la mano de un maremoto, salvo que impacte contra nuestro planeta un meteorito de grandes dimensiones o que se produzca la erupción secuencial de los llamados supervolcanes. Algunos profetas ya lo han advertido: «El mundo perecerá bajo las aguas».

En sí, un maremoto es la invasión súbita de la costa por las aguas. Es una gran ola marina que ha sido generada a raíz de un temblor de tierra submarina. Las zonas que están en mayor peligro son los litorales de los océanos Pacífico e Índico, dado que son espacios sísmicamente muy activos.

Un tsunami es capaz de viajar cientos de kilómetros, alcanzando velocidades que van desde los 700 al casi millar de kilómetros por hora. En su progreso, la ola, a medida que se va acercando a la tierra, va creciendo, convirtiéndose en un enorme bloque de agua de hasta veinte o más metros de altura. Cuando los efectos del tsunami impactan contra la tierra, no lo hacen de una sola vez: las grandes olas pueden ser secuenciales y estar separadas entre sí por intervalos de entre quince y veinte minutos.

El terrible oleaje del Tsunami provocó miles de muertos en diciembre de 2004.

Los profetas y las aguas de la muerte

En opinión del experto en arqueología psíquica Jeffrey Goodman, estamos viviendo a caballo de una era que, según ya han avisado los grandes psíquicos, estará caracterizada por los desastres geológicos. Goodman estableció contacto con decenas de personas sensibles dotadas de capacidades psíquicas. En su estudio, le pidió a cada una de ellas, por separado, que efectuara una serie de profecías relacionadas directamente con la geología del planeta. La mayoría de los

Tres categorías para un verdugo

En función del lugar en que impacta el maremoto, y teniendo en cuenta cuál es su lugar de origen, se establecen tres categorías básicas de tsunami:

Locales: son devastadores y de hecho están considerados como los más peligrosos. La primera ola no suele tardar más de treinta minutos en llegar a la costa. El epicentro del terremoto que la provoca no suele estar a más de una hora de viaje de la tierra.

Regionales: son algo menos peligrosos que los anteriores, y se trata de aquellos que tienen el epicentro a pocas horas de viaje de la costa. En general, se calcula que el lugar donde se inicia el tsunami está a una o dos horas de viaje de la costa, es decir, a una distancia aproximada de 1.000 kilómetros.

Remotos: al igual que los anteriores son devastadores, pero su ventaja es que tardan más en llegar al destino y, por tanto, pueden tomarse medidas de evacuación. El epicentro suele estar a medio día o más de viaje.

videntes pronosticaron la producción en masa de grandes movimientos sísmicos. Evidentemente el tsunami estaba dentro de ellos. Ningún vidente habló del tsunami padecido en Asia, pero sí advirtieron de que «las primeras señales de los grandes movimientos telúricos que se esperan vendrán de las aguas».

La hipótesis anterior coincide en desgracias, pero no concuerda en fechas. Desde 1985, Alaska, Canadá occidental y la costa oeste norteamericana están amenazadas de padecer «graves, terroríficos y devastadores movimientos de tierras». Yendo un poco más allá, se prevén, para las próximas décadas, cambios significativos en los mapas geográficos de la Tierra. Dichas modificaciones, siempre de la mano de los profetas, se llevarán a cabo en las islas Aleutianas, archipiélago al suroeste de Alaska, que serán cubiertas por las aguas y desaparecerán una a una. Un alzamiento de las tierras a la altura del estrecho de Bering daría como resultado la unificación, mediante tierra firme, de Alaska y Siberia. Otras desgracias dignas de mención serán las graves inundaciones que se producirán en Vancouver y, por si ello fuera poco, en la zona central de Oregón, en Estados Unidos. Fruto de los cataclismos se formará un gran brazo de mar que llegará hasta Idaho.

Nueva York: arrasada por el mar

Mal futuro profético le espera a la ciudad de los rascacielos. Numerosos son los profetas y videntes que prevén una gran hecatombe que supondrá el fin de la ciudad. La buena noticia es que tres de las predicciones que se hicieron en su momento ya han caducado. Hace veinte años que Nueva York debía ser «la Venecia americana». Ken Criswell, matizando que podía estar equivocándose de fechas y que éstas variarían entre una o dos décadas (ésa debe ser la mejor forma de acertar siempre), auguró seísmos de gran magnitud y agresivos temblores de tierra que «remodelarán la costa agitando las aguas. Primero se sumergirá Long Island, después será el turno de Manhattan, que acabará convertida en una ciudad llena de canales de agua. El desastre será tan grave que los neoyorquinos se verán obligados a abandonar la ciudad hacia el interior, hasta encontrar tierras altas y secas, como posiblemente antes hicieron mayas y aztecas».

Ésta no es la única visión en la que se afirma la destrucción de la gran ciudad norteamericana. Jim Gavin tuvo una visión psíquica similar a la de Criswell. En su caso, observaba Nueva York totalmente destruida y describía que: «Staten

Island naufraga como una balsa arrasada por las olas, mientras la parte baja de la Gran Manzana (Manhattan) se hundía en la bahía y el agua alcanzaba la calle 59».

El tsunami más devastador

A veces el planeta parece conjurar todas sus fuerzas para generar peligrosas acciones sísmicas. Lo normal es que tanto un terremoto como un maremoto capaz de provocar un tsunami tengan un epicentro. No obstante, si lo que nos preocupa es la posibilidad de padecer una gran catástrofe que ponga en riesgo la continuidad como especie, debemos prestar atención a los llamados seísmos con epicentros en cadena. Los días 21 y 22 de mayo de 1960 se produjeron, en dos fases, un total de 56 movimientos en cadena, con la misma cantidad de epicentros, que afectaron a una extensión de 1.300 km y una superficie de alrededor de 400.000 km².

Aunque el número de muertos no superó al del último tsunami asiático, sigue siendo considerado como el más devastador de la historia.

El día de la muerte: 21/5/1960

El terror comienza con diecinueve epicentros que afectaron a toda la península de Arauco en Chile. La sacudida, que fue de 7,7 grados en la escala Richter, no era más que un aperitivo de lo que vendría después. A las tres menos cinco de la tarde del día 22 y durante diez minutos, se detecta un gran seísmo en el mar. Algo así como una explosión en cadena, considerada la mayor registrada por la humanidad, que contaría con 37 epicentros capaces de provocar un terremoto de 9,5 en la escala Richter. La catástrofe afectó a trece provincias chilenas. Las ruinas se extendieron por todas partes y, si bien se carece de datos contrastados, se calcula que perecieron más de 10.000 personas.

El oleaje que provocó el tsunami que arrasó Chile fue capaz de desplazar un navío de 3.000 toneladas que saltó por encima del rompeolas debido a que el mar ascendió cinco metros por encima de su nivel normal. Minutos después, una segunda ola de ocho metros de altura envistió la costa a 200 kilómetros por hora, destrozando todo lo que encontró a su paso. Los testimonios aseguraron que la segunda ola se retiró de golpe produciendo un ruido de «succión monstruosa». Una hora más tarde aparecería la tercera ola. Alcanzó los 13 metros y envistió la costa a 100 kilómetros por hora.

¿Puede volver a pasar?

La hipótesis no es descabellada. De hecho, los investigadores creen que en cualquier momento no una sino varias sucesiones de terremotos y maremotos en cadena pueden hacer temblar la tierra más de lo que sería deseable o, mejor dicho, soportable.

El problema no es la existencia de un gran movimiento sísmico, sino la posibilidad de que uno despierte a otro y así sucesivamente. Si la tierra decidiera «recolocarse» y lo hiciera con fuerza en el océano Pacífico, podría volver a afectar a la costa oeste del continente americano, como sucedió en el caso Valdivia. Ello podría generar otros movimientos capaces de provocar terremotos con epicentros más al oeste, en dirección a Oceanía, alentando a su vez la posible activación en cadena de terremotos en el océano Índico, cuna del tsunami asiático de 2004.

Las aguas proféticas

Si bien la realidad muchas veces supera la ficción, lo visto anteriormente puede quedarse en nada si hacemos caso a las profecías de Edgar Cayce, autor de más de 14.000 predicciones obtenidas mediante estados de trance, entre 1901 y 1945.

- **Tsunami Krakatoa:** sucedió en mayo de 1883, entre las islas de Jaba y Sumatra, y fue originado por el volcán que da nombre al tsunami. Murieron casi 40.000 mil personas y fueron prácticamente destruidos 300 pueblos.
- **Tsunami Kahului:** aconteció en 1837 y destruyó por completo la playa que lleva su nombre en la hawaiana isla de Maui. Hubo un número impreciso de cientos de muertos, pero tuvo la singularidad de vaciar literalmente de agua la orilla a gran velocidad y sin ruido. De golpe el mar se retiró de la bahía dejando todos los peces en la orilla, para pocos minutos después empujar con una gran ola todo lo que encontraba a su paso, arrastrando la población de Kahului 300 metros tierra adentro.
- **Tsunami Kanchatka:** no existen datos precisos respecto del número de muertos del que se considera como el mayor tsunami registrado en la historia. Ocurrió en 1737 en la península rusa que dio nombre al fenómeno. Sus olas alcanzaron el equivalente de lo que actualmente sería un edificio de veinticinco plantas.

El profeta prevé grandes transformaciones a escala mundial y muchas de ellas sobrevienen a partir de la revelación de las aguas. Entre otras muchas, las desgracias que anuncia Cayce son:

- Agitaciones en las aguas del Atlántico y Pacífico, fruto de las cuales emergerán en estos océanos nuevas tierras. Cayce aseguró que el resurgir de la Atlántida frente a las costas americanas era un hecho muy posible.
- Las agitadas aguas moverán las tierras, y las tierras secas terminarán por cubrir el mar Caribe y la isla de Bimini.

- El lecho terrestre que hay entre Tierra del Fuego y la Antártida experimentará un espectacular alzamiento repentino que «desplazará una gran masa oceánica creando una corriente de aguas embravecidas».
- El vidente anuncia también graves consecuencias sísmicas para Japón, ya que vaticina que el país nipón «se hundirá total o parcialmente bajo las aguas. La mayoría de las islas se deslizarán alterando su posición».

Tsunamis en España

La península Ibérica no está exenta del peligro de los tsunamis. Si somos realistas y partimos de la base de que no hace falta que se produzca una gran ola, como la asiática, para vivir un maremoto en nuestras inmediaciones, debemos recordar que desde el año 218 antes de nuestra era se han registrado al menos veintitres manifestaciones del tipo tsunami. Es de suponer que se hayan producido otros que pudieron pasar desapercibidos.

A causa del gran tsunami asiático en 2004, los expertos españoles en sismología marina dieron la voz de alarma. Si bien un terremoto de la magnitud del asiático es bastante difícil en nuestras inmediaciones, no es menos cierto que, más o menos cada cien años, se suelen producir terremotos en lugares cercanos a España que tienen consecuencias sobre el nivel del mar. Los sismólogos consideran que nuestro país no está preparado adecuadamente para la detección de los fenómenos del tsunami.

El último tsunami registrado en España tenía el epicentro en Argelia y causó graves daños en las embarcaciones de las islas Baleares y en la costa peninsular mediterránea. De hecho, el Instituto Geográfico de España registró en las ciudades insulares de Mahón y Palma una variación del nivel del mar, donde ascendió entre diez y quince centímetros. Numerosas embarcaciones fueron literalmente escupidas del agua en los momentos de mayor actividad.

Otros grandes tsunamis producidos en los límites o cercanías de nuestro territorio son:

Tsunami en Málaga. Año 1680

A las siete de la mañana del 9 de octubre un seísmo submarino provocó la subida del nivel de las aguas del mar en el puerto de Málaga, aguas que crecieron cinco metros. La intensidad del fenómeno fue de grado 3.

Inundación de Garachico. Año 1706

El 5 de mayo se produjo en las islas Canarias, concretamente en Garachico, Tenerife, una brusca retirada de las aguas con la posterior inundación de su costa. El origen de ese tsunami fue una erupción volcánica y el fenómeno registró un grado 4.

La población de Garachico, en Canarias, padeció un potente tsunami en el siglo XVIII.

Tragedia en Portugal y España. Año 1755

A las nueve de la mañana del 1 de noviembre la catástrofe se instaló en el sur de la península Ibérica. Un seísmo con epicentro submarino provocó grandes flujos y reflujos del agua en la costa que va desde Portugal hasta Gibraltar. Días más tarde se prolongó hasta la costa gallega. El maremoto destruyó Lisboa.

La primera señal fue una terrible sacudida que provocó el derrumbe de las construcciones de la ciudad. Acto seguido, y en sólo tres minutos, una ola gigantesca exterminó a más de 10.000 personas, una auténtica catástrofe teniendo en cuenta que la capital lusitana no superaba el cuarto de millón de habitantes. Por si fuera poco, como daño colateral se produjo una cadena de incendios que arrasaron parte de la ciudad y que hizo perder la vida a millares de personas; algunas fuentes hablan de entre 30.000 y 40.000 víctimas. El tsunami alcanzó una magnitud de grado 6.

En España, concretamente en Sevilla, se calcula que se destruyó más del 6 por ciento de las viviendas, resultando dañada el 90 por ciento de la ciudad hispalense. La Giralda se vio afectada, y se produjeron hasta nueve víctimas. En Cádiz el mar rompió las murallas (que eran unas piezas de sillería que pesaban entre 8 y 10 toneladas), y las aguas invadieron la población tres veces con intervalos de seis minutos, ocasionando numerosísimas víctimas. Fueron afectados otros pueblos de la provincia como Conil, Sanlúcar de Barrameda y Jerez de la Frontera. Se calcula que sólo en la población de Ayamonte hubo más de 1.000 muertos.

La prolongación de los efectos sísmicos llegó hasta el centro de la Península. En lugares como Madrid o Guadalajara la intensidad del terremoto fue de grado 5. Alcanzó a Euskadi, repercutiendo en Donostia con un grado 4.

Tsunami en el mar de Alborán. Año 1790

A la una de la madrugada del 9 de octubre, como consecuencia de un terremoto en tierra se produjo una agitación submarina en el mar de Alborán, zona occidental del mar Mediterráneo que separa España de África y que constituye una zona de transición entre el Mediterráneo y el Atlántico. Se inundó parte de las costas españolas y africanas. La intensidad del fenómeno fue de grado 3.

Funestas predicciones para España y Europa

Por si con los tsunamis ya referidos no hemos tenido bastante, las profetisas hermanas Lusson determinaron que en torno a 1958 nuestro planeta enfermaría. La manifestación de esa dolencia, dijeron, implicaría no sólo cambios en el clima, de los que oportunamente nos ocuparemos, sino también notables sacudidas «en ríos y mares, también en los océanos, en las tierras, las montañas y los continentes». Para nuestro país previeron que «un gran muro de agua, siniestro y devastador, arrasará España y Portugal sembrando la muerte por la Península».

Las hermanas Lusson presagiaron también, entre otras desgracias, el hundimiento de Japón y la desaparición de la ciudad de Nueva York.

En otro orden de cosas y en lo que al territorio europeo se refiere, Edgar Cayce sostenía que la mayor parte del norte del continente «se modificará en un abrir y cerrar de ojos; habrá océanos, mares y bahías allí donde antes hubo tierras y guerras».

Señalando más al norte, concretamente a Groenlandia, el profeta Cayce augura la aparición de aguas libres e indica que habrá grandes convulsiones en las zonas frías provocadas por la agitación de las aguas.

Edgar Cayce, uno de los grandes profetas y visionarios del siglo xx. Efectuó alrededor de 14.000 profecías en estado de trance.

Canarias: el tsunami que viene

Un grupo de vulcanólogos dirigidos por el profesor universitario Bill McGuire está convencido de que un día, quizá no muy lejano, se puede producir un gran tsunami capaz de superar el acontecido en Asia en 2004. Los investigadores creen que el centro de la tragedia serán las islas Canarias. Suponen que concretamente todo empezará en las entrañas del volcán Cumbre Vieja, el más activo del archipiélago, que está situado en la isla de La Palma.

El tsunami empezaría a partir de una erupción capaz de desplazar y de partir la ladera de la isla en la que está situado, y lanzar al mar una masa rocosa de algo más de 500 kilómetros cúbicos que generaría olas de entre 100 y 900 metros de altura, y que podrían viajar a unos 700 kilómetros por hora. En el peor de los casos, la secuencia de olas gigantescas llegaría a África, la península Ibérica, Francia, Reino Unido, y podría incluso alcanzar el continente americano de norte a sur con olas que, después de haber atravesado el océano Atlántico, rondarían los veinte metros de altura. La estimación de la tragedia es que podrían morir alrededor de 100 millones de personas.

Tsunamis y el sexto sentido

Curiosamente, mientras trescientas mil personas perdían la vida a raíz del tsunami en el sudeste asiático, salvo algunos animales domésticos como perros, gatos o vacas, no hubo muertos entre los animales salvajes. Algo digno de mención si tenemos en cuenta que las aguas anegaron el parque nacional de Yala, que es una reserva natural entre cuyos habitantes hay cocodrilos, felinos, elefantes y orangutanes. ¿Conocían los animales lo que se les venía encima?

Los seres humanos –profetas y videntes al margen– no tienen la capacidad de detectar los pequeños seísmos que acontecen a diario en el planeta. Nuestros sistemas técnicos de predicción, basados en los sismógrafos, tan sólo pueden auspiciar el 50 por ciento de las catástrofes. Podemos analizar las deformaciones del nivel del suelo, las variaciones en los campos magnéticos, las inclinaciones de los terrenos, etc. Por supuesto es factible recurrir también al estudio de las imágenes vía satélite que advierten de los cambios de temperatura y de los incrementos del gas radón en las aguas. Podemos intuir pero no predecir con seguridad la gran catástrofe.

La intuición animal

Si bien algunos profetas y videntes han visualizado o percibido desgracias, lo cierto es que son los animales los que, a través de la alteración de su comportamiento, mejor ejercen de profetas.

Determinados tipos de ratones parecen enloquecer poco antes de un terremoto. Los peces llamados siluros, 24 horas antes de un terremoto, se agitan y comportan de una forma anómala. Otros casos singulares son los de los pollos y gallinas que, en la región italiana de Friuli, pocas horas antes de un terremoto, se intentaban subir a los árboles, mientras los conejos se golpeaban con reiteración la cabeza y los peces saltaban sobre la superficie y parecían querer salir del agua.

Las investigaciones realizadas respecto de la intuición animal para predecir terremotos parecen demostrar que tanto los reptiles como los mamíferos están dotados de una sensibilidad especial que les permite captar la sutileza de sonidos y señales invisibles para los seres humanos. No se sabe con qué conectan, pero sí se conoce que cuanto más alejados se encuentran del hombre, mayor es su capacidad psíquica de percibir las pequeñas señales de la Tierra.

Profecías y aguas turbulentas

Videntes y profetas de todos los tiempos han visto en el mar un poderoso enemigo capaz de arrasar a la humanidad. En profecía, el mar se convierte en el azote apocalíptico que lleva la muerte en su seno.

Según Rasputín:

«... Los mares penetrarán como ladrones en las ciudades y en las casas, y las tierras se volverán saladas. Y la sal entrará en las aguas y no habrá agua que no sea salada. Las tierras saladas no darán más fruto y, cuando lo den, será un fruto amargo. Por eso veréis terrenos fértiles transformarse en pantanos salados. Y otras tierras serán secadas por un calor que irá aumentando. El hombre se encontrará bajo las lluvias saladas y caminará sobre tierras saladas, y andará errante entre sequías y aluviones.»

Según Edgar Kayce

«La mayor parte de Japón se hundirá en el mar… Europa septentrional se modificará en un abrir y cerrar de ojos. Los lugares donde se desarrollaban las batallas de la guerra mundial estaban destinados a convertirse en océanos, mares y bahías.»

Otras predicciones nada alentadoras

La popular revista *Toca Madera*, especializada en temáticas insólitas, reunió a un grupo de reputados y verificados videntes y expertos en profecías a fin de que establecieran pronósticos sobre catástrofes. Éstas son algunas de las más escalofriantes:

• Gran maremoto atlántico capaz de afectar a las costas africanas y suramericanas.
• Maremoto en las islas Baleares, con hundimiento parcial de la isla de Mallorca y cientos de muertos en Mallorca y Menorca.
• Nuevo tsunami asiático con posible destrucción total de Japón.

2

Terremotos: cuando la Tierra se estremece

Una palabra del Señor, y esas estructuras caerán en pedazos, quedando borradas de la faz de la Tierra, como si el Todopoderoso las hubiera barrido con un gesto de su mano.

E.G. WHITE

Difícilmente pereceremos bajo los efectos de un macroterremoto global. Sin embargo, profetas y videntes insisten en que los terremotos, muchos de ellos vaticinados con gran claridad, son algo así como el aviso de la llegada de un tiempo apocalíptico.

Actualmente distinguimos tres tipos de terremotos. Los tectónicos, que suelen ser los más devastadores y que tienen que ver con los movimientos de las placas tectónicas de la Tierra; los volcánicos que, como su nombre indica, están asociados a la actividad propia de un volcán, como, por ejemplo, una gran erupción; y los artificiales, que básicamente son aquellos que vendrían generados por la acción humana.

Junto con las guerras, los terremotos parecen ser una de las grandes fuentes de inspiración de los profetas. En este caso, prácticamente nadie se libra. La vidente Jean Dixon alude a terribles catástrofes en Egipto y México. Las hermanas Lusson se decantan por América del Sur, Norte de África, Japón y Filipinas. Edgar Cayce centra sus observaciones sobre convulsiones de la tierra básicamente en Estados Unidos. Mientras, el vidente y religioso Paul Solomon, al tiempo que organiza la hermandad de la salvación, no duda en vaticinar una cadena de fenómenos telúricos que incluye la destrucción de parte de Asia, la desaparición de Japón, una gran helada europea, etc. Pero vayamos por partes, ya que mientras los profetas aluden al movimiento sísmico sobre todo como un castigo infligido por los dioses a los humanos, la ciencia nos demuestra que es algo normal y necesario.

El planeta se recoloca

La corteza terrestre está formada por placas que literalmente flotan sobre materiales densos y pastosos sometidos a gran presión. En el pasado la Tierra estaba formada por un enorme supercontinente conocido con el nombre de Pangea. Durante el Mesozoico, es decir, hace alrededor de 225 millones de años, el gran continente comenzó a moverse. Las placas se fueron separando y establecieron una ruta que aún no ha terminado...

Prácticamente en todo el planeta hay zonas de riesgo sísmico, de todas formas, las más relevantes son:

• **Falla de San Andrés:** está situada entre California y México. Su activación fue la responsable del catastrófico terremoto de San Francisco en 1906.

Sin lugar a dudas la falla de San Andrés está sentenciada a muerte. Tanto videntes como profetas coinciden en anunciar que la zona oeste de Estados Unidos tiene los días contados. Según la Fundación para el Futuro de Nebraska, una asociación que estudia e investiga predicciones de videntes, comunicados de médiums y presagios, en un futuro inmediato California desaparecerá. Es cierto que varios videntes adscritos a dicha fundación han situado la hecatombe en torno a los años noventa, pero ello no indica que el peligro haya pasado.

- **Anillo de fuego.** Es una estrecha banda de algo más de 38.000 kilómetros situada a orillas del océano Pacífico. En esta zona se produce el cincuenta por ciento de la actividad sísmica del planeta, de hecho prácticamente a diario se detecta un terremoto.
- **Zona Mediterránea.** Nuestro querido mar tiene los días contados. La expansión continental hará que en el futuro llegue a desaparecer. El mar Mediterráneo está conectado a través de las zonas téctónicas más potentes, con el mar Caspio y a través del Himalaya con el Golfo de Bengala. En esta zona, donde confluyen las masas de la placa euroasiática con la africana y la australiana, se libera el 15 por ciento de la energía sísmica del planeta.

Túnez, Argelia, Marruecos y España también forman parte del negro paisaje profético. En septiembre de 1958 el reverendo Lindsey, de Estados Unidos, tras vaticinar que a partir de finales del siglo XX (se cogió un margen amplio) California sería destruida por un terremoto, dijo que «una violentísima erupción volcánica agitará el Mediterráneo formando convulsiones al norte del continente antiguo».

El terremoto greco-turco de Nostradamus

El gran profeta, siempre con su estilo críptico, a través de sus Centurias alude a peligrosos y devastadores terremotos

en el Mediterráneo. Lo cierto es que con los padecidos en
Turquía durante la última década, hay material más que suficiente como para afirmar que Nostradamus acertó. Sin embargo, podría decirse que el gran terremoto greco-turco
todavía está por llegar.

En la *Segunda Centuria,* cuarteta 52, y en la *Tercera Centuria,* cuarteta tercera, respectivamente podemos leer:

LII
«En varias noches la tierra temblará,
en la primavera dos esfuerzos seguidos,
Corinto, Éfeso en los dos mares nadará.
Guerra abierta por dos valientes de lucha.»

III
«Marte y Mercurio, y la plata toda junta,
hacia el Mediodía extrema sequía:
al fondo de Asia se dirá que la tierra tiembla,
Corinto, Éfeso entonces perplejos.»

Al parecer, según los analistas que han investigado los
textos de Nostradamus, cuando el profeta habla de Corinto
se refiere a Grecia, y cuando lo hace de Éfeso, alude a Turquía.

Como podemos observar, el terremoto se antoja de proporciones bastante devastadoras, lo suficiente como para
que la tierra tiemble durante varias noches, todo ello sin contar que posiblemente producirá oleaje o incluso un tsunami
si hacemos caso al apartado de «Éfeso en los dos mares
nadará», con lo cual peligran los mares Egeo, Negro y Mediterráneo.

El nuevo mundo del profeta Scallion

La tectónica de placas, así como la deriva continental, se convierte en un juego de niños en manos del vidente Gordon

Michael Scallion, quien además de predecir accidentes aéreos, guerras y cambios climáticos, ha centrado sus visiones en los terremotos y en las drásticas modificaciones que éstos, junto a erupciones volcánicas y tsunamis, generarán en el mundo.

Tan seguro está Scallion de que sus profecías se cumplirán que se permite el lujo de vender los nuevos «mapamundi» diseñados por él, que aluden a cómo será el mundo tras las grandes hecatombes que modificarán la geografía.

Al parecer Scallion, que en 1989 tuvo una serie de sueños que se fueron sucediendo durante veintinueve noches consecutivas, sueños que le servirían para predecir el futuro, ha efectuado algunos aciertos interesantes. El terremoto de México en 1984, la elección de Bush padre un año después y varios terremotos de pequeña magnitud en Japón.

Scallion vaticina tres grandes terremotos en Los Ángeles. El último, que él calcula en 8,3 en la escala de Richter, provocará el ruptura del continente americano produciendo la apertura de «una gran burbuja de magma situada bajo los Estados Unidos». Dicha ruptura irá desde la ciudad de Eureka, situada en el noroeste de California, hasta Bakersfiel, al sur de ese estado.

En un segundo estadio el profeta augura la destrucción de grandes fracciones de la ciudad de Nueva York y determina que Manhattan se reduce, al menos, en un 50 por ciento.

Apocalipsis en Europa

Para Scallion, Europa es la que queda peor parada. La mayoría del continente queda anegada por las aguas. Noruega, Suecia, Finlandia, Francia y prácticamente toda España acaban sumergidas y convertidas en pequeñas islas. Otro tanto sucede con el Reino Unido. Scallion, a diferencia de lo que han dicho otros videntes sobre Londres, mantiene a flote dicha ciudad. Hacia el noroeste europeo, Rusia termina separada de Europa por un largo nuevo mar que estará formado por los mares Negro, Caspio y Báltico.

La nueva África

Según Scallion, se fragmenta en tres zonas. El Nilo se extiende y expande anegando varios países. Otro tanto sucede con el mar Rojo que inunda Sudán. Desaparecen también gran parte de Madagascar, Egipto y, ya más al norte, Túnez, Marruecos y Mauritania.

Severidad y dolor para Asia

El futuro mapa asiático prevé los cambios más duros y sangrientos en este continente, ya que se inundarán buena parte de Filipinas y Japón, Taiwán y Corea. En cuanto a China, la mayor parte de su costa será aniquilada.

Convulsión en Suramérica

Ya hemos visto que el norte del continente americano sufrirá algunos cambios, pero la sorpresa está en el sur. Venezuela, Colombia y Brasil desaparecen parcialmente. En el caso concreto de este último país, sucumbirán totalmente bajo las aguas Sao Paulo y Río de Janeiro. Más al sur, una gran ola marítima cubrirá parte del centro de Argentina, y la buena noticia es que emergerá una nueva masa de tierra más allá de Tierra del Fuego.

Oceanía, ¿la menos afectada?

No podemos evitar, aunque sea de pasada, citar a Oceanía para mencionar que Scallion indica que Australia pierde el 25 por ciento de su superficie debido a las inundaciones costeras, y que Nueva Zelanda prácticamente centuplica su territorio debido a las tierras que emergerán después de potentes erupciones volcánicas.

Algunos terremotos devastadores

Los registros históricos de terremotos anteriores a la segunda mitad del siglo XVIII son casi inexistentes o poco fidedignos. Entre los sismos antiguos para los que existen registros fiables están los que se produjeron en:

Grecia. Sucedió en el 425 antes de nuestra era y convirtió Eubea en una isla.

Pompeya. Padeció un gran terremoto que terminó con la mítica ciudad que fue arrasada en el 17 de nuestra era.

China. Sufrió un terremoto devastador, en 1556, en la provincia de Shensi. Se calcula que fue el terremoto más funesto de la historia de la humanidad. Murieron en torno a 800.000 personas.

El terremoto de San Francisco

A las cinco de la mañana del 18 de abril de 1906 la tragedia espeluznante cayó sobre la ciudad de San Francisco, en Estados Unidos, y sus alrededores. Se calcula que el terremoto más recordado de la historia de este país alcanzó un nivel de 8 grados en la escala Richter, si bien no fue tan mortal como los efectos de otros muchos terremotos quizá no tan potentes pero sí más asesinos.

San Francisco tenía todos los números para padecer una gran desgracia. Por empezar, se encontraba en las inmediaciones de la falla geológica de San Andrés, que en aquellos tiempos era poco conocida. Buena parte de la ciudad se había edificado sobre terrenos que previamente habían sido rellenados con tierras de mala calidad que favorecieron el

Antes y después del terremoto de San Francisco. La devastación fue total.

efecto succión. A todo esto debemos añadir que San Francisco carecía de los servicios contra incendios mínimos, por lo que combatir los múltiples siniestros que consumieron la ciudad fue prácticamente imposible, sin contar que la urbe había sido construida mayoritariamente con materiales de gran combustibilidad.

El terremoto provocó 2.500 muertos y la destrucción de 28.000 edificios. Un cuarto de millón de personas, es decir, más de la mitad de la población de la época, se quedó sin hogar. El movimiento sísmico supuso para la ciudad lo que actualmente serían unas pérdidas materiales de unos 8.000 millones de euros.

El terremoto de San Francisco ha pasado a la historia no por la cantidad de víctimas que produjo sino por las inexplicables características que tuvo para la época, ya que era un tiempo en el que los estudios sismológicos eran prácticamente inexistentes, en el que todavía no se había estudiado a fondo la falla de San Andrés y en el que ni tan siquiera existía la escala Richter.

Tuvieron que pasar sesenta años para poder comprender el fenómeno gracias a los estudios y teorías de la tectónica de placas. Con el tiempo las investigaciones revelaron que el terremoto se había producido como consecuencia de que una larga sección de la falla de San Andrés se había movido a lo largo de 500 kilómetros.

Los profetas y la ciudad de San Francisco

Dicen que la esperanza es lo último que se pierde. Quizá por ello, en la ciudad de San Francisco y en la zona de California en general, determinados profetas no sólo no están bien vistos sino que además generan una cierta alergia. A veces da la sensación de que estos sensitivos se la tienen jurada a esta zona del continente americano.

Cayce vaticinó en 1932 que lenta pero paulatinamente, a partir de la segunda mitad del siglo XX, «viviremos un periodo de grandes catástrofes mundiales». Curiosamente el 2 de enero de 1976 el Etna (Italia) entró en erupción, mientras Grecia era sacudida por un terremoto y en Los Ángeles se producía un temblor de tierra de 4,2 grados. Pero en San Francisco no pasó nada. Fue tres años después, en 1979, cuando el Etna de nuevo generó una erupción y un terremoto agitó la ciudad de San Francisco con una intensidad de 5,7.

Tanto en San Francisco como en la zona de California temen la actividad volcánica del Etna. Es cierto que les queda muy lejos, concretamente en otro continente, pero vinculan directamente sus erupciones con las profecías de Cayce respecto de que «la tierra se abrirá en la parte occidental de Norteamérica... Tanto Los Ángeles como San Francisco serán destruidos en la convulsión general». Para más inri, Cayce asegura que Los Ángeles y San Francisco son las dos ciudades que serán destruidas justo antes que Nueva York.

En su ataque virtual a San Francisco y California, otro vidente, David Miles, quien dice haber tenido una revelación fruto de una experiencia extracorpórea mientras conducía, afirma que vio con claridad el hundimiento total de Los Ángeles, un enorme y devastador terremoto en San Francisco, así como otros terremotos menores y diluvios generalizados en California.

Un diluvio tras otro es lo que ve también el psíquico Jasper Pierce, que además anuncia que California será castigada por los aires, seguramente aludiendo a grandes temporales de tipo huracanado. No podemos pasar por alto las visiones del reverendo Harrell, que afirmó: «Con una claridad divina vi cómo se hundía la costa de California, así como las montañas de San Bernardino. La visión me sigue consternando por las noches».

Siguiendo con el tema, la guinda la pone otro clérigo. En este caso el californiano Donald A. Gardens nos dice: «El anuncio del cataclismo será la aparición de un gran sol rojo en el horizonte. Veremos grandes y maravillosas fenomenologías celestiales, como gigantescas llamaradas, mientras la tierra tiembla. La violencia y las sacudidas harán que California perezca bajo las aguas tras haber sido destruida cuando la tierra tiemble».

La intensidad es lo que cuenta

La fuerza de los terremotos, y también la de los maremotos, se mide mediante una escala universal que pretende calcular la energía liberada en el foco de un seísmo. El responsable de este sistema de medición, que conocemos como escala de Richter, fue el sismólogo estadounidense Charles Francis Richter, quien efectuó un cálculo logarítmico para poder entender, en espectros de potencia, la fuerza de un terremoto.

Medir los temblores según Richter

Magnitud 1 a 3,5

Los efectos no suelen percibirse por las personas, pero quedan registrados en los sismógrafos.

Magnitud 3,5 a 5,4

Se percibe, tiene cierta intensidad, pero los daños causados son menores. En general sólo afecta a construcciones ya muy deterioradas o aquellas otras edificadas en zonas con riesgo de corrimiento de tierra.

Magnitud 5,5 a 6

Es percibido con claridad y causa daños ligeros a los edificios menos preparados. Las casas tiemblan, las lámparas de techo pueden oscilar. Los libros y algunas figuras caen de las estanterías, sin contar que, dependiendo de la duración e intensidad, algunos muebles se desplomen y se produzcan grietas en las paredes.

Magnitud 6,1 a 6,9

No hay duda de su presencia ya que ocasiona daños muy severos, en especial cuando se produce en áreas pobladas. Casi con total seguridad habrá muertes que se derivarán del terremoto.

Magnitud 7 a 7,9

Es el llamado terremoto mayor, causa graves daños como la partición o el desplome de edificios, y la alteración de todo tipo de construcciones.

- El 1 de septiembre de 1923 un gran terremoto de 7,9 grados prácticamente destruyó las ciudades japonesas de Yokohama y Tokio. De forma parecida a lo ocurrido en San Francisco, y a pesar de que el terremoto duró varios minutos, el principal problema no fue el terremoto en sí, sino los numerosos incendios que causó y que se fueron retroalimentando debido a la alta combustibilidad de la madera y el papel que había en la mayoría de las construcciones. Los terremotos japoneses supusieron la muerte de unas cien mil personas.

* Otro ejemplo de este nivel de escala lo tuvimos en este siglo en la India. Más de 15.000 personas fallecieron a consecuencia del terremoto que se produjo el 26 de enero de 2001. El epicentro del movimiento sísmico, que alcanzó 7,9 grados, se registró a 22 kilómetros de profundidad, afectando no sólo al estado hindú de Gujarat, sino también en numerosas zonas de Pakistán. Las oscilaciones de la tierra y la sucesión de temblores duraron entre veinte segundos y un minuto, en función de la zona de influencia.

Magnitud 8 a 9

La destrucción puede ser casi total. La tierra puede deshacerse como si fuera mantequilla y, desde luego, las construcciones no tienen fuerza ni aguante.

Lamentablemente el cálculo de los terremotos de esta escala con efecto devastador es estimado ya que cuando sucedieron no se disponía de baremo de medición tan exacto como la escala de Richter, que se empezó a usar en 1935. Veamos tres ejemplos:

* 8,0 – Sucedió en Nan Shan, China, en 1927, y fue percibido desde Pekín. Generó unos 200.000 muertos.
* 8,5 – Ocurrió en China en 1920, hubo más de 200.000 muertos.
* 8,6 – Aconteció en 1906 en Valparaíso, Chile. Su intensidad fue percibida hasta en Pekín, China. Murieron unas 20.000 personas.

Magnitud 9 o más

En Estados Unidos es el llamado «Big One» y, tras el terremoto de San Francisco, miles de personas esperan su llegada. Está considerado como el gran asesino.

* Un ejemplo muy similar de lo que sería un «Big One»
  sucedió en Estados Unidos el 28 de marzo de 1964. En
  realidad se trató de un seísmo acompañado de un maremoto que sacudió numerosas localidades de Alaska destrozando todo a su paso. Tras el terremoto, que llegó a 9 grados en la escala de Richter, se produjo una sucesión de
  olas gigantes que barrieron las costas de Alaska causando
  decenas de muertos.

Esos terremotos proféticos

Joe Brandt padeció, en 1937, una fuerte conmoción cerebral
tras caerse de un caballo. Durante varios días estuvo delirando y
teniendo visones. Al despertar efectuó una clarísima descripción futurista de algunas de las ciudades más importantes de
California. Lo que contaba sonaba a ciencia ficción; sin embargo, coincidía bastante con la época actual. Lo malo de este viaje
al futuro es que Brandt veía cómo los suelos se levantaban solos
en la zona cercana a las montañas de San Bernardino. Percibía
cómo se hundían las calles en Los Ángeles y veía a gente ensan-
grentada agonizando en Hollywood Boulevard.

Las visiones catastróficas de Joe Brandt no se centraron
sólo en Estados Unidos. Presagió la entrada en erupción de
varios volcanes en Colombia y Venezuela. Vio a Japón desa-
pareciendo bajo las aguas del océano después de un potente
terremoto. Observó Hawai siendo destruida por la ola de un
tsunami. Vaticinó un terrible terremoto que, además de destruir parte de Turquía, generaba la inundación de Estambul.
Visualizó la muerte de miles de personas en Inglaterra e
Irlanda. Por último, captó la destrucción de Nueva York.

Nostradamus y sus terremotos

El maestro de la profecía describe en sus cuartetas incendios que todo lo devastan, vientos ardientes, fuegos inextinguibles, así como destrucciones por doquier. Veamos algunos ejemplos.

En la primera Centuria de su obra, en las cuartetas 16 y 17, el profeta parece hablarnos de un tiempo agitado caracterizado por sequías, inestabilidad meteorológica y fenómenos adversos, terremotos incluidos:

CENTURIA I
XVI
«Hoz en el estanque hacia Sagitario,
en su elevada cumbre de exaltación,
peste, hambruna, muerte por mano militar,
el siglo se acerca a su renovación.»

Algunos investigadores creen que la anterior cuarteta alude en el tiempo a finales del siglo XX y que presagia, más que terremotos, algo así como un cambio climático o los ya consabidos problemas y diferencias socioeconómicas.

XVII
«Durante cuarenta años el Iris no aparecerá,
durante cuarenta años todos los días será visto:
la tierra árida en sequía crecerá,
y gran diluvio cuando sea visto.»

¿Es éste el anuncio de una terrible contaminación padecida en todo el mundo? Algunos de los investigadores de las profecías de Nostradamus piensan que la mención al Iris que no aparece puede referirse a la contaminación que impide ver el sol con claridad. Otros la vinculan a erupciones volcánicas que generarían nubes tóxicas y que, por tanto, taparían el sol al generar un manto de nubes. Respecto de la aridez de la tierra, puede deberse también a la muerte que han sembrado temblores y terremotos.

Otra muestra de los terremotos vaticinados por Nostradamus la tenemos en la primera Centuria, cuartetas 46, 6 y 88. La primera es clara, la tierra tiembla. Lo que no sabemos es si lo hace a causa de los efectos de un terremoto o bien debido al impacto de un meteorito:

CENTURIA I
XLVI

«Muy cerca de Aux, de Lestore y Miranda,
gran fuego del cielo en tres noches caerá:
causa sucederá muy estupenda y asombrosa.
Muy poco después la tierra temblará.»

La segunda Centuria que nos ocupa también alude a sacudidas de tierra. En este caso, dado que el contenido de la misma se refiere al río Ebro y al consuelo que darán los Pirineos, todo parece indicar que más que un terremoto bien podría tratarse de los efectos de un tsunami devastador que anegaría la península Ibérica de manera que parte de sus habitantes tuvieran que buscar refugio más al norte, en las cumbres de la cordillera pirenaica.

CENTURIA VI
LXXXVIII

«Un reino grande quedará desolado,
cerca del Ebro se reunirán:
montes Pirineos le darán consuelo,
cuando en mayo haya temblores de tierra».

3

Las rocas del Juicio Final

Un viento poderoso se levantará del norte y transportará una niebla espesa y denso polvo, llenando los ojos y las gargantas, haciendo que cese la carnicería y queden todos poseídos de gran temor.

SANTA HILDELGARDA

Suponemos que un gran meteorito acabó con los dinosaurios hace 65 millones de años, pero también hay evidencias de que hace sólo 35 millones, al menos cinco grandes objetos celestiales chocaron contra la Tierra. En cualquier momento el cielo puede desplomarse sobre nuestras cabezas. El problema no está en que algunos de los cientos de miles de asteroides que orbitan en torno al Sol, entre Marte y Júpiter, cambie su rumbo fruto de un choque con otro objeto celeste y venga hacia la Tierra: la verdadera preocupación reside en dónde impactará el pedrusco espacial.

Como no podía ser de otra manera, los profetas y visionarios han visto un gran peligro en los cielos. Desde Nostrada-

Momento en que se produjo el impacto del cometa Sooemaker-Levy 9 sobre la superficie de Júpiter. En la Tierra habría significado el apocalipsis.

mus, que habló de «una gran montaña esférica de siete estadios», hasta Jeane Dixon, que espera algo que «conmoverá literalmente la Tierra», pasando por el vidente californiano Criswell, que augura que tras la caída de un meteorito «la Tierra se convulsionará de forma estremecedora».

Afortunadamente la mayor parte geográfica de nuestro planeta está deshabitada. Por lo tanto, las consecuencias de la caída de pequeños meteoritos no debe preocuparnos más de la cuenta, al menos de momento. Otra cosa sería que la piedra cayese, por ejemplo, en cualquiera de las centrales nucleares que hay en España. Todos recordamos lo que significó la catástrofe de Chernobil, y eso que sólo se trató de una fuga.

El impacto de un meteorito no sólo significa que la tierra en la que cae termina arrasada. Supone muerte, destrucción, una gran carga de combustión y, la mayor de las veces, movimientos de tierra, terremotos e incluso erupciones volcánicas y posteriores emanaciones de gases tóxicos y lluvias ácidas.

¿El penúltimo meteorito?

En Siberia, en 1908, cuando todavía no existían las bombas atómicas, algo explotó a unos 6 kilómetros del suelo. La devastación fue total, y todavía hoy es posible ver las huellas de la catástrofe.

Detalle de la zona siberiana de Tunguska, donde a principios del siglo xx impactó un gran cuerpo celeste con una potencia destructiva equivalente a mil bombas atómicas.

Durante décadas los amantes de lo oculto han especulado sobre la posibilidad de que lo sucedido en las inmediaciones de Tunguska, en Siberia, fueran en realidad experimentaciones secretas que tendrían por objeto el desarrollo de bombas atómicas. Los más aventurados todavía hoy afirman que la gran explosión de Tunguska fue en realidad un accidente: una potente nave extraterrestre que, tras perder el control, acabó por estrellarse en la zona.

Mil veces la bomba atómica

Fue a media mañana, en torno a las once y media. El 30 de junio de 1908, en una zona boscosa de Taiga, en las inmediaciones del río Tunguska, al este de Siberia, se produjo una terrible explosión que por sus efectos se calcula que fue de unos 15 millones de toneladas de TNT. Es tanto como decir la explosión de mil bombas juntas como la de Hiroshima o una gran bomba de hidrógeno.

A los amantes de la especulación esotérica hemos de decirles que ninguna de las dos existía en aquel momento y que el proceso de investigación estaba todavía lejos.

Pese a la magnitud del suceso, no debemos pensar en una gran piedra o roca del tipo «objeto Apolo» como el citado en el capítulo uno, que podría medir hasta dos kilómetros. Se calcula que la piedra de Tunguska tenía un diámetro de sólo 60 metros, suficiente para explotar a una altura de entre seis y ocho kilómetros del suelo y generar una terrible ráfaga de aire ardiente que arrasó 2.500 km^2 de bosque. ¿Imaginamos lo que habría sido el meteorito de Tunguska cayendo en el centro o en las inmediaciones de cualquiera de nuestras grandes capitales?

También en el Amazonas

Para que el lector vea que no somos amantes de la fábula, ni pretendemos alarmar a nadie antes de hora, otra muestra la

La profecía de las bolas de fuego

Tres años antes de lo acontecido en Tunguska, la visionaria Elena G. White describía en una profecía lo que según ella tenía o tiene que acontecer algún día en nuestro planeta. Su visión concuerda bastante con lo que pudo pasar en su día en Siberia. White nos dice:

«Justamente antes de despertar vi una escena impresionante. Desde las ventanas veía los fuegos. La ira de Dios caía sobre la humanidad. Grandes bolas de fuego arremetían sobre las casas, y de ellas salían dardos encendidos que volaban hacia todas las direcciones. No se podían apagar los incendios. El terror de la gente era indescriptible.»

Años más tarde la misma visionaria de nuevo entró en catarsis, y volvió a tener acceso a una escena apocalíptica: «Vi una inmensa bola de fuego que caía en medio de un grupo de casas». Cabe la posibilidad de preguntarse si la bola de fuego es un meteorito o, por el contrario, el impacto de un misil. De todas formas, para la vidente White todo parece indicar que se trata de algo así como la roca del Juicio Final, ya que en su visión escucha a alguien diciendo: «Sabíamos que el juicio de Dios visitaría la Tierra, pero no lo esperábamos tan pronto».

tenemos no en la lejana Siberia sino en plena selva amazónica. Fue el 13 de agosto de 1930.

Según los testigos del hecho, el meteorito (que se calcula tuvo una potencia diez veces mayor que el de Tunguska) sonó a «potentes y continuadas descargas de artillería pesada». La verdad es que el impacto que se produjo cerca del río Curuçá fue escuchado a una distancia de 90 kilómetros.

A primera hora de la mañana, la caída del meteorito sobre el Amazonas, que provocó en su disgregación enormes bolas de fuego, generó tres potentes explosiones seguidas de tres fuertes ondas de choque que arrasaron la jungla. Tras ellas se produjo una lluvia de cenizas que ocultó el sol hasta mediodía. El impacto generó un terremoto de magnitud 7 en la escala Richter que se detectó incluso en Bolivia, o lo que es lo mismo, a 2.000 kilómetros de distancia.

Teniendo en cuenta la época en que se produjo la caída meteorítica y la zona del acontecimiento, la población indígena percibió el hecho como un fenómeno sobrenatural, una manifestación de castigo de sus dioses. Se tiene constancia del suceso y de la angustia y terror que padecía la población nativa gracias al monje capuchino Fedele d'Alviano, quien fue informado de la explosión durante una misión apostólica.

Siempre hay una buena noticia

Nuestro planeta parece ser una gran diana en movimiento. Afortunadamente, y para consuelo de muchos, la ciencia nos tranquiliza con sus predicciones. Sólo una vez cada mil años cae un meteorito de hasta 100 millones de toneladas de TNT, y sólo una vez cada cien mil años cae un meteorito dotado con 100.000 millones de toneladas. Por supuesto, todos ellos son más que suficientes para terminar con la humanidad, aunque la guinda la pone el gran meteorito que de media se supone puede caer cada diez millones de años sobre el planeta, con una potencia atómica de 100 trillones de toneladas.

Meteoritos proféticos

Nada mejor que comenzar con Nostradamus para ilustrarnos respecto de lo que teóricamente nos espera. El profeta, en sus Centurias, alude al peligro de las rocas celestiales. De hecho en la Centuria I cuarteta LXIX nos dice:

Cráter de Arizona, reflejo de un gran impacto meteorítico. Muchos visionarios han advertido que la Tierra padecerá el castigo de los dioses, y las piedras caerán de los cielos provocando fuego y terror.

«La gran montaña redonda de siete estadios.
Después paz, guerra, hambre, inundación.
rodará lejos abismando grandes regiones,
aún antiguas y gran fundación.»

La estremecedora cuarteta parece describir con claridad lo que sería un meteorito o un cuerpo rocoso celestial. El hecho de que sea, como dice Nostradamus, una montaña grande y además redonda, nos induce a pensar en un objeto de peligrosas dimensiones. Abundando en este aspecto, el profeta menciona una antigua medida griega. Los «siete estadios» de Nostradamus podemos equipararles en torno a 400 metros, con lo que la roca celestial, tal como vaticina el vidente, tendría un gran poder de destrucción.

¿Dónde caerá el meteorito? Si hacemos caso a la última línea de la cuarteta citada, Nostradamus cree que la piedra, que sin duda resultará devastadora ya que afirma que abismará grandes regiones, podría caer en las inmediaciones de Egipto o incluso Irak, China o la India, ya que afirma que

Cráteres meteoríticos

Una muestra de los numerosos impactos padecidos por nuestro planeta son algunos de los cráteres que mencionamos a continuación. Su diámetro nos sirve para hacernos una idea de la magnitud del choque y de los efectos que pudo producir.

- **Bahía de Chesapeake**: situada frente a las costas de Maryland, tienen una antigüedad de unos 35 millones de años. Su tamaño es de 90 kilómetros.
- **Cráter Boltysh**: se encuentra en Ucrania y se calcula que tiene alrededor de 65 millones de años. Mide 24 kilómetros de diámetro.
- **Cráter Chicxulub**: situado en Yucatán, México. El objeto que lo generó tuvo que ser realmente enorme, ya que mide unos 200 kilómetros. Se calcula que el meteorito que formó este cráter medía entre 10 y 15 kilómetros de diámetro. La energía liberada fue de unos 100 millones de megatoneladas de TNT (la bomba de Hiroshima sólo tenía 10 kilotoneladas). Se supone que éste fue el meteorito que acabó con los dinosaurios.
- **Cráter de Shiva**: es submarino, se encuentra frente a las costas de la India, mide unos 600 x 400 kilómetros y, según los paleontólogos de la Universidad Tecnológica de Tejas, el objeto meteórico debió medir unos 40 kilómetros de ancho. Se calcula que este meteorito actuó como remate final y definitivo de la era de los dinosaurios y que pudo ser más devastador que el ya citado de Chicxulub, en la península de Yucatán, México.

El impacto de este meteorito provocó una aceleración de la placa tectónica de la India, que pasó de desplazarse de 8 centímetros por año a 18, y durante 28 millones de años, en dirección al continente asiático, chocando finalmente con él y dando origen a la cordillera del Himalaya.

generará un gran cataclismo en zonas aún antiguas, como si quisiera referirse al lugar donde han estado ubicadas siempre las grandes civilizaciones.

Otro ejemplo de profecía meteorítica lo vemos en las afirmaciones del vidente Criswel, quien además de predecir para el futuro un gran cambio climático con efectos meteorológicos desastrosos, pronostica terroríficas lluvias, seguramente fruto del impacto de un meteorito en las aguas.

Sabemos que el impacto de un meteorito en nuestro planeta, además de originar tsunamis y terremotos, produciría un oscurecimiento general del planeta. Numerosos profetas han visto tinieblas, días de gran oscuridad o incluso la desaparición del sol, y aunque no han entrado en los efectos que implicaría la colisión de un meteorito, todo parece indicar que se refieren a un fenómeno similar.

• Según Nostradamus, la tierra temblará poderosamente y el mundo quedará sorprendido por la oscuridad. El profeta

La mayoría de los profetas coinciden en que nos tocará vivir varios días de oscuridad total. Hoy sabemos que el impacto de un meteorito implicaría dicho proceso.

asegura que la visión será tan apocalíptica que hasta los no creyentes invocarán a Dios.

• La mística Marie Julie de la Faudais tuvo una visión a principios del siglo XIX, según la cual el planeta viviría tres días y tres noches de oscuridad total. Al parecer, dichas tinieblas se producirían, según la vidente, justo después de que «una gran nube roja de sangre cubra el firmamento y la tierra tiemble tras el sonido de un gran trueno». La mística asegura que tras estos fenómenos, tanto el Sol como la Luna desaparecerán y que, pasados unos días, tras dispersarse las nubes, el planeta se mostrará «cubierto de cadáveres».

• Anna María Taigi, considerada como beata, pronosticó algo parecido a la oscuridad total. La mujer tuvo una horrible visión de tinieblas y diabólica negrura que duraban tres días. Hay un dato revelador en su profecía y es que la vidente afirma que el «el aire estará lleno de pestilencia, no haciendo distinción entre impíos y creyentes, arrasando sus vidas por igual». Consideramos este dato revelador dado que el impacto del meteorito, además de oscuridad, provocaría, mediante una lluvia ácida, la expansión de gases sulfurosos y pestilentes.

• En la línea de los místicos, María de Jesús Crucificado también pronosticó tres terribles días de oscuridad y, siendo catastrófica, afirmó que tras aquel hecho sólo sobreviviría una cuarta parte de la humanidad.

• El famoso vidente Criswell, respecto de la oscuridad total durante varios días, aseguró que había tenido numerosos sueños que le revelaban dicho acontecimiento: «He soñado con la oscuridad, he visto un arco iris negro, he presenciado el miedo y el dolor por no ver la luz del sol ni poder apreciar las estrellas. Afortunadamente la desgracia durará pocos días».

Los meteoritos divinos

Aquellos grupos culturales y religiosos que consideran que los dioses moran en los cielos entienden que una piedra venida de aquellas inmediaciones es, sin lugar a dudas, una partícula de la divinidad.

Los indios pawne, por ejemplo, adoraban y consideraban sagrado y curativo un meteorito de composición férrica de 736 kilos que había caído en Texas.

Otro ejemplo no menos singular de la fuerza divina de un meteorito es la peculiar historia del meteorito del hijo de Amílcar Barca, Aníbal el Cartaginés (247-182 a.C.). Hacía años que las tropas de Aníbal hostigaban Italia. Un día, en torno al 205 antes de nuestra era, los magistrados romanos, asustados por una lluvia de meteoritos, decidieron consultar con sus augures, que afirmaron que el talón de Aquiles de Aníbal era un fetiche conocido como «la madre de los dioses». Quien consiguiera llevar el objeto a Roma acabaría con Aníbal.

En realidad la «gran madre» era una personificación de la diosa Cibeles. Se trataba de un gran meteorito cónico custodiado en un templo en Turquía. Para que nos hagamos una idea de la relevancia que tenía la piedra celestial, sepamos que fue trasladada de Pessinus, en Turquía, hasta Roma, navegando en un barco construido para tal fin, ritualizado y

Cráter lunar. Nuestro satélite actúa de escudo natural contra el impacto de meteoritos.

considerado sagrado. Curiosamente, aunque más fue por la mala gestión militar de Aníbal que por el meteorito, los ejércitos romanos lograron expulsar de Italia al guerrero.

Otras muestras de la relevancia totémica que han alcanzado algunos meteoritos son las siguientes:

- **1853.** La tribu de los wanika, de África Oriental, declaró como dios a una piedra meteorítica caída del cielo. Creían que la divinidad les ayudaría a tener unas mejores cazas y cosechas.
- **1880.** Un meteorito de 3 kilos cayó prácticamente a los pies de dos brahamanes en las inmediaciones de Andhra en la India. Los religiosos consideraron que aquélla era una señal de los cielos y que la piedra era un dios milagroso. Tal fue su fe, y meritoria la campaña de marketing que llevaron a cabo, que durante largo tiempo fueron capaces de congregar diariamente a más de 10.000 personas que peregrinaban para recibir los efluvios del meteorito.
- **1992.** El 15 de agosto de ese año, varias rocas cayeron sobre la ciudad de Mbale, en Uganda. Muchos residentes locales, amparados por las indicaciones de los chamanes del lugar, recogieron del suelo fragmentos de las piedras y tras molerlos comieron el polvo como si de una medicina se tratase. Sus sacerdotes les habían asegurado que era un medicamento divino capaz de curar el sida.

El meteorito que anuncia la Tercera Guerra Mundial

Si los impactos de cuerpos celestes contra el planeta parecen aludir exclusivamente a la ira de los dioses, e incluso a un posible castigo divino hacia la humanidad, en ocasiones los videntes, religiosidad al margen, perciben señales, no menos trágicas, que presagian acontecimientos devastadores aunque quizá no tan apocalípticos.

Uno de los visionarios contemporáneos más relevantes es el vidente austriaco Gottfried von Werdenberg, que vincula

¿Un meteorito de La Meca?

Justo en el centro de la gran mezquita de La Meca se encuentra la Kaaba o casa de Dios, construida por Abraham. En una de las esquinas de dicho recinto podemos observar la llamada Piedra Negra, de 16 x 20 centímetros enmarcada en plata. La mayoría de los expertos consideran que la Piedra Negra, que suele ser besada y tocada por los peregrinos, es un meteorito.

En principio, aunque siempre se ha considerado a la Piedra como un meteorito, parece no serlo, al menos de tipo férrico, y todo parece indicar que en realidad la Piedra Negra es una impactita, o lo que es lo mismo, arena fundida con material meteorítico.

directamente determinados eventos cósmicos con la llegada de la Tercera Guerra Mundial.

Von Werdenberg cree que lo que él llama lluvia de fuego sucederá en verano. Afirma que será un día esplendoroso de cielo limpio y temperatura agradable. Según su opinión, de una forma radical las cosas cambiarán: «Quienes sonreían entusiasmados entristecen sus rostros y ven cómo el sol empieza a oscurecerse».

El vidente asegura que el oscurecimiento de la Tierra es prácticamente total y que viene acompañado de un extraño polvo que cubre las tierras y las aguas… «No es un eclipse solar sino una neblina del Universo que viene de más allá de nuestra atmósfera.»

A medida que el cielo se oscurece, siempre según el vidente, en el planeta hay inquietud. Y de pronto, cuando la oscuridad es total:

«Billones de puntos blancos se ven en el este. Es como una lluvia de fuego que se mueve a gran velocidad, del este y noreste en dirección hacia el oeste y el suroeste. Golpea la tierra como una osada granizada.»

La curiosa lluvia de fuego pronosticada por von Werden-berg, más que producto del impacto de un gran meteorito, parece ser parte de los efectos generados por la desintegra-ción que sufre la piedra cósmica al entrar en contacto con la atmósfera. De hecho, si profundizamos en su visión, leemos claramente:

«Las luces que caen del cielo han cambiado de color. Justo antes de precipitarse en la tierra pasan del amarillo al rojo brillante. Caen separadas entre sí entre 50 y 100 metros, y cuando impactan en la tierra, mientras que unas parecen ser granos de arena, otras son grandes como los puños de un niño.»

Los efectos de este acontecimiento metereorítico pronos-ticado por von Werdenberg acaban siendo devastadores: «El césped, los bosques, los campos, los graneros, los establos y los edificios arden, como también lo hacen las casas y las fábricas. El sol no brillará de nuevo en este día».

El vidente, pese a sus matizadas descripciones, no acierta a clarificar si lo que acontece se debe a un meteorito o bien a la explosión de algún ingenio atómico o nuclear. En cual-quier caso, lo que sí parece tener claro es que el mencionado fenómeno celeste y meteorológico es el anuncio de una gran contienda mundial.

Meteoritos que han hecho historia

En la India, en 1621, cayó un meteorito. Alguien se lo llevó al emperador Jahangir y éste, maravillado por la forma y dureza de la piedra, ordenó a sus artesanos que con la piedra fabricasen dos espadas, una daga y un cuchillo. El empera-dor pensaba que de esta manera, y teniendo en cuenta que el meteorito era de origen divino, sus armas tendrían poderes mágicos.

La relevancia que vincula la historia meteorítica con la humanidad no es que, como ocurrió en el siglo XVII, los minerales celestiales se utilicen para tallar armas: la singularidad está en que quizá parte de nuestra evolución debemos agradecérsela a los cielos.

Todavía hoy no sabemos a qué o quién le debemos la Edad del Hierro, con todo lo que ha comportado a la humanidad. Nuestros antepasados fabricaron sus primeras herramientas con huesos, maderas y piedras que, cuando representaron la tecnología más avanzada, dieron origen a la Edad de Piedra. Tiempo más tarde descubrimos el cobre y, al lograr alearlo con estaño, se alcanzó la Edad del Bronce. Pero no fue hasta unos 1.400 años antes de Cristo cuando los hititas descubrieron el hierro.

Lograr fundir hierro no es fácil. Así como para conseguir cobre basta con poco más de 1000 grados, el punto de fusión del hierro requiere por lo menos 1635. Sabemos que la humanidad tenía técnicas capaces de generar altas temperaturas, pero eran insuficientes para fundir el hierro. Los investigadores creen que la inspiración de cómo hacerlo llegó de los cielos, cuando los hititas y sumerios vieron caer del cielo bolas ígneas metálicas. Bolas incandescentes que no eran sino meteoritos a las que llamaron «fuego del cielo», es decir, hierro.

Los análisis químicos de armas antiguas de hierro reflejan numerosas impurezas. Poseen níquel, lo que nos lleva a pensar que el hierro de aquellas armas provenía de un hierro fundido de forma natural, es decir, de un meteorito incandescente.

Es de suponer que las diferentes informaciones de las piedras ardientes que caían del cielo (los asirios las llamaban «metal del cielo») son las que nos inspiraron para conseguir el salto hacia la Edad del Hierro.

Una muestra del uso de meteoritos para forjar armas la tenemos en la daga recuperada de la tumba del siglo XIV antes de nuestra era que perteneció al faraón Tutankamon. Otro ejemplo es el hallazgo en la tribu de los inuits de Groenlandia de hojas de cuchillos, puntas de arpones y herramientas confeccionadas con hierro meteorítico.

Los meteoritos del hielo

En 1818 los exploradores europeos se maravillaron con las armas de origen meteorítico de los inuits. Hoy sabemos que procedían de un gran meteorito que se encontró partido en tres bloques: uno de 34 toneladas, otro de dos, y otro más de media tonelada.

El meteorito más grande, conocido con el nombre de Ahnighith, se encuentra en el museo americano de historia natural de Nueva York. Es un trozo de hierro y níquel de 3,3 metros de largo; 2,10 de alto, y 1,60 metros de grueso. Su peso es de 34.000 kilogramos.

Rasputín a modo de colofón

Sería imperdonable concluir un capítulo dedicado a las llamadas «rocas del Juicio Final» pasando por alto al famoso místico y cortesano ruso Rasputín, un hombre controvertido, tildado de conspirador, estafador y farsante, y criticado por lo que en la época se tenía por una conducta ilícita y licenciosa.

Si bien Rasputín parece estar más ducho en lo que a profecías se refiere, especialmente con los efectos devastadores del cambio climático, también dejó un interesante legado de predicciones que aludían a otros fenómenos meteorológicos como por ejemplo el posible impacto de un meteorito. Entre otras cosas nos dice:

«Llegará el tiempo en que el Sol llorará sobre la Tierra y sus lágrimas caerán como chispas de fuego quemando las plantas y los hombres... Y bajo el Sol encendido el gélido frío apagará la vida.»

En el pasaje anterior el místico ruso quizá alude al Sol en referencia a un gran meteorito incandescente que, al entrar en contacto con nuestro planeta se asemejaría a este astro. Lo que para Rasputín son sus lágrimas y chispas de fuego, podría ser la fragmentación de la roca celestial. Por último, el frío gélido que apaga la vida puede interpretarse como los ya famosos días de oscuridad total que han pronosticado otros videntes, y como las grandes nubes que cubrirían el horizonte tras un gran impacto meteorítico.

Otra profecía, que en este caso para algunos investigadores no alude a meteoritos sino a lanzamiento de misiles, es también sobrecogedora:

«Sobre la tierra negra llorará el Sol, y un fantasma vagará por Europa durante toda una generación. Y antes de que se disuelva caerán otros rayos. Uno quemará los lirios, un segundo el jardín de las palmeras, y un tercero, la tierra entre los santos ríos. El hombre se volverá frágil como una hoja seca y sus huesos se doblarán crujiendo como ramas rotas. La tierra sólo producirá hierbas envenenadas y las bestias darán carne envenenada. Envenenado estará el hombre en este tiempo.»

¿Meteorito o guerra nuclear o bacteriológica?

En futuros capítulos redescubriremos a un Rasputín que, sin duda, nos hará estremecer con sus predicciones en torno a conflictos internacionales o a la llegada del Anticristo. Sin embargo, en el pasaje que acabamos de ver nos da pie para plantearnos que quizá el fantasma que vagará por Europa durante una generación, unos veinticinco años, no tendrá que ver con las nubes tóxicas producidas por un meteorito, sino quizá con el fantasma del terrorismo. Tal vez la destrucción del «jardín de las palmeras» puede tratarse de un misil que impacta en algún país islámico y, siendo más concretos, deberíamos plantearnos si el tercer rayo al que alude Rasputín, ese que «quema la tierra entre los santos ríos» no es sino una cabeza nuclear explotando entre el Tigris y el Éufrates, los antiguos ríos de Mesopotamia, hoy Irak.

4

¿Se está volviendo loco el tiempo?

El quinto Ángel derramó su copa sobre el trono de la Bestia, y su reino se cubrió de tinieblas, y los hombres, de dolor, se mordían las lenguas.

APOCALIPSIS DE SAN JUAN

A los profetas les ha quedado un poco lejos el concepto de «cambio climático». Sin embargo, sí han hablado de plagas devastadoras, hambrunas cargadas de peste, nubes y lluvias que desencadenan el apocalipsis y, en sí, se han centrado en una visión global de una extraña hecatombe que para la mayoría ha estado vinculada al fin del mundo. Incluso en las Sagradas Escrituras, en el Evangelio de San Mateo, se nos dice:

«... Y habrá hambre y peste y terremotos en diferentes lugares, porque todo esto será el preludio de los grandes dolores que habrán de venir.»

Otra advertencia de las Sagradas Escrituras es que cuando esté cercano el tiempo del fin «los hombres se creerán igual a dioses».

Rasputín, con referencia al cambio climático establece un claro presagio que no deja de ser catastrófico a la vez que un interesante cóctel que sintetiza la mayoría de los efectos que puede llegar a producir la tan mentada alteración que está por llegar:

«Los venenos abrazarán a la Tierra como un fogoso amante. Y en el mortal abrazo, los cielos tendrán el hálito de la muerte, y las fuentes no darán más que aguas amargas, y muchas de estas aguas serán más tóxicas que la sangre podrida de la serpiente.

Los hombres morirán a causa del aire, pero se dirá que han muerto del corazón o de los riñones... Y las aguas amargas infectarán los tiempos como la cicuta, porque las aguas amargas alumbrarán tiempos amargos.»

El gran protagonista: el efecto invernadero

Vivimos gracias a un invernadero virtual que se encarga de filtrar y retener la energía solar. Nuestro particular invernadero que es la atmósfera está compuesto de una capa natural formada de vapor de agua, CO_2 y gas metano. No sólo nuestra vida, sino toda la del planeta, depende de que dichos elementos se encuentren en perfecto estado.

A veces parece que los expertos en climatología pretenden que tengamos miedo. Sin embargo, como afirmó el catedrático de la Universidad de Castilla-La Mancha y experto en clima Manuel Castro, «no es cuestión de tener miedo, pero debemos tener más y mejor información para mitigar los efectos del calentamiento global y adaptarnos a los cambios climáticos».

Castro no habla por hablar. Lo cierto es que los estudios realizados a principios de 2005 respecto de la evolución del llamado cambio climático, pueden estremecernos. Entre otras maravillas, éstas son algunas de las que nos esperan a corto y mediano plazo:

• Incremento notable de la temperatura en todo el continente que podría llegar a subir un promedio de seis grados en verano, aunque no afectará a todos los países de la Unión Europea por igual: algunos puede que todavía pasen más calor.
• Reducción de las precipitaciones anuales, especialmente las que se producen en primavera y verano.

Sólo con los dos puntos anteriores ya tenemos un problema. La ausencia de lluvias y el incremento de temperatura no sólo nos deja expuestos a padecer más desertización sino que, además, afectará directamente a la agricultura, la ganadería y la pesca, los ecosistemas, los recursos hidrológicos y,

El aumento de las temperaturas y la desertización es uno de los grandes problemas que se nos viene encima con el cambio climático. Algunos profetas han vaticinado que «el suelo arderá» y que nuestro planeta será poco menos que un infierno.

en el caso concreto de España, país turístico por excelencia, en todo tipo de actividades vinculadas con el turismo.

A todo lo anterior debemos añadirle que la ausencia de lluvias y el incremento de las temperaturas generarían una importante reducción de las nevadas, lo que en toda la zona pirenaica implicaría una auténtica catástrofe del llamado turismo de invierno, ya que la continuidad del esquí estaría seriamente amenazada. También, al disponer de menos nieve, los deshielos de la primavera dispondrían de menos caudal para nutrir a los ríos y, en definitiva, los usuarios finales contarían con menos agua.

Los efectos ya están aquí

Según un informe de la Agencia Europea del Medio Ambiente, la variación climática ya ha comenzado en el viejo continente, y lo hace en forma de tormentas más intensas y con mayor potencia en las descargas eléctricas. Se manifiesta también mediante una meteorología extrema capaz de hacernos pasar, en pocos días, de un periodo de terrible frío a otro de notable calor. Otro de los efectos que se están observando en la Unión Europea son graves inundaciones producidas por tempestades breves pero de gran intensidad y, al tiempo, terribles sequías.

Un ejemplo de la espectacularidad que está adquiriendo la meteorología es la forma en que se producen los fenómenos más singulares, como, por ejemplo, los más de 33.000 rayos caídos en una tormenta de verano en julio de 2005 en España, o la sucesión de hasta nueve tornados en Cataluña, el más potente fue capaz de paralizar el aeropuerto de Barcelona, levantando tres metros del suelo un avión y moviendo otro en sentido circular.

En Gran Bretaña varios tornados provocaron vientos huracanados de hasta 220 kilómetros hora y una cantidad superior a los doce heridos. Si bien al sur de Inglaterra se registra un promedio de 33 tornados anuales, el acaecido a finales de julio de 2005 fue uno de los más espectaculares.

Predicciones de la Agencia Europea del Medio Ambiente para este siglo

El informe de climatología de la AEMA asegura que la temperatura se ha incrementado en Europa, en los últimos cien años, un promedio de 0,9 grados. Aun así, las cosas pueden ir a peor. Éstas son sus previsiones:

* Notable aumento del calentamiento para los próximos años en Rusia occidental, Grecia e Italia.
* Incremento de las sequías, de los incendios forestales y de las olas de calor en todo el sur de Europa.
* La gelidez de los inviernos puede desaparecer en el 2080. Paralelamente se prevé que los veranos serán un 10 por ciento más cálidos que los actuales.
* Dos de cada tres catástrofes europeas vendrán provocadas por efectos meteorológicos como inundaciones (fruto de lluvias torrenciales), granizadas muy intensas, sequías y olas de calor.
* Alarmantes niveles de retroceso de los glaciares de ocho de las nueve regiones europeas que los contienen, con una previsión de retroceso superior a la de los últimos 5.000 años.
* Incremento de la velocidad de ascenso del nivel del mar. El ritmo de subida de las aguas, que hasta la fecha es de entre 0,8 y 3 milímetros por año, se multiplicará al menos por cuatro.

El apocalipsis del calor

La vidente Jean Dixon afirmó en una de sus múltiples profecías que «el sol abrasará a los hombres, que morirán por doquier cuando se acerque el fin». Si tenemos en cuenta que en el año 2003 se calcula que murieron 20.000 personas debido al calor extremo padecido por diferentes países europeos, la vidente acertó su profecía con décadas de anticipación.

Dejemos por un momento de lado a los visionarios dotados con el don de la profecía, para centrarnos en lo que nos dice la ciencia. El verano de 2003 se alcanzaron en Europa récords de temperaturas. El sol realmente era abrasador y extendía su fuerza con sucesivas olas de calor, que se irán repitiendo cada vez con mayor asiduidad y rigor en los próximos veranos.

El ser humano está diseñado como especie para vivir sin problema alguno y con una cierta comodidad con una temperatura de entre 17 y 31 grados. No es menos cierto que algunos humanos viven en lugares con temperaturas límite, tanto positivas como negativas, siendo los dos extremos las tribus nómadas bereber y tuareg, así como las nepalíes e inuit. No obstante, volvamos a la mayoría. El aumento brusco de temperatura, como el que produce una ola de calor, genera un aumento de la temperatura corporal, que puede llegar a alcanzar los 40 grados, provocando cortes de digestión, vómitos y, en personas de riesgo, infartos de miocardio.

Según Christoph Schar, del Instituto Federal de Tecnología de Suiza, el Sol seguirá abrasándonos durante los próximos años: «Las simulaciones que hemos efectuado hasta la fecha demuestran que uno de cada dos veranos europeos serán tanto o más cálidos que el padecido en 2003».

Schar indica que la concentración de los gases de efecto invernadero, como el dióxido de carbono, es vital para el incremento de la temperatura, y que llegará un momento en que las condiciones tórridas serán lo normal. Recordemos que en la ola de calor de agosto del citado 2003, sólo en Francia perecieron bajo los efectos del calor 13.600 personas.

Nos quedamos sin hielos

A mayor calor, menos hielo. A medida que aumenta la temperatura se produce una aceleración en el derretimiento de los hielos polares, el agua dulce invade la salada, queda afectada la temperatura natural del agua y, por supuesto, aumenta el nivel de los océanos.

Las temperaturas alrededor de la Antártida han aumentado espectacularmente durante los últimos años. En la actualidad, el promedio es de 2,5 grados más que la temperatura media que había en la década de los cincuenta.

En la Patagonia, el glaciar Frías, situado en el monte Tronador, está cambiando. Desde 1850 fue retrocediendo a una velocidad aproximada de 2,5 metros por año. A partir del calentamiento del planeta, desde el año 1986 el gran glaciar se está reduciendo 37 metros por año. La velocidad de desaparición de este glaciar es equiparable con lo que ocurre a muchos otros en el mundo.

La desaparición de los glaciares implica más agua dulce corriendo, es cierto. Lo malo es cuando corre a su libre albedrío e invade zonas que hasta la fecha eran secas, o termina por invadir tierras de cultivo. Un ejemplo de ello sucedió en Nepal donde un lago de un glaciar se desbordó en 1985, derramando un muro de agua de quince metros que ahogó a muchas personas y arrasó viviendas.

Fuego y calor profético

Un ejemplo que tener en cuenta respecto a profecías de calor lo tenemos por parte de los indios iroqueses. Uno de sus líderes espirituales, conocido con el nombre de Deganawida, tuvo un sueño profético en el que veía una serpiente blanca amenazada por otra roja. Según él:

«Las dos serpientes entraban en conflicto y era éste tan grande que provocaban una inmensa ola de calor capaz de partir las montañas, hacer hervir los ríos y dejar los campos sin hierba, y sin hojas los árboles».

Esta profecía recuerda más bien a una explosión nuclear o atómica que a un cambio climático. Sin embargo, algunos investigadores creen que es preciso comprenderla analizando el simbolismo de las serpientes. En este caso, la serpiente blanca simbolizaría los países no industrializados o del Tercer Mundo, mientras que la roja estaría vinculada a los países industrializados. El conflicto entre ambas serpientes no sería necesariamente una guerra sino una sobreexplotación del planeta. Dicho de otro modo, los países industrializados agotarían los recursos medioambientales de aquellos otros países del Tercer Mundo generando el llamado «cambio climático».

La profecía del líder de los indígenas iroqueses concluye que: «ambas serpientes enfermarán a causa del hedor a muerte, pero la blanca terminará victoriosa, iniciándose una nueva era». Con este último pasaje la profecía nos da a intuir lo que ya dicen los climatólogos más conocidos: que el cambio climático afecta a todos por igual, si bien puede que los países no industrializados sufran más las alteraciones meteorológicas.

De todas formas, el hecho de que salgan victoriosos de la batalla implicaría (como ya han apuntado algunos teorizantes buscadores de una solución global al cambio climático) que la serpiente roja, es decir, el mundo industrializado, tuviera que recurrir a la blanca y hacer una sustancial mejora social, política, económica y médica de los países no industrializados para que todo volviese a estar en equilibrio.

El impacto mundial

El cambio climático es un problema mundial y nos afecta a todos. Las primeras señales de alarma se dieron al comenzar el milenio y, de hecho, los responsables de Greenpeace anunciaron a principios de 2001 que se estaban registrando a escala mundial numerosos impactos físicos y biológicos totalmente diferentes a los que se han venido observando en los últimos 50 años.

Funestos augurios

Entre otros profetas que han presagiado la llegada de terribles calores, se ha de destacar a las hermanas Lusson, quienes vaticinan un cambio telúrico:

«Los ríos se partirán, la oscuridad llegará, el tiempo ya nunca más será como lo conocemos hoy.»

Otro ejemplo de vaticinio climático lo tenemos en el místico san Juan Bosco, Don Bosco, fundador de instituciones religiosas como la Sociedad Salesiana, el Instituto de las Hijas de María Auxiliadora, y la Pía Unión de Cooperadores Salesianos. Éste, además de advertirnos de apocalipsis papales (que oportunamente conoceremos), auguraba la agitación y metamorfosis de las tierras y los océanos, así como un aumento del calor del Sol.

La alteración total

Son muchos los frentes de destrucción y adversidad que nos abre un cambio climático global. La cosa no pasa sólo por una elevación de la temperatura o por padecer catástrofes meteorológicas puntuales.

De entrada se prevé un aumento de la contaminación, seguido de una desertización en masa, acompañado de la destrucción de hábitat naturales, y aderezado todo ello con la pérdida de la diversidad biológica. Las especies animales deberán buscar nuevas zonas en las que poder seguir viviendo y, como contrapartida de todo ello, el ser humano deberá replantear y reorganizar su búsqueda de recursos naturales.

Los Apocalipsis bíblicos se quedan en un juego de niños con este panorama.

La vidente Anastasia Singh, a principios de los años cincuenta dijo:

«Veo a los animales desorientados. Las aves pierden sus rumbos marcados durante generaciones. Los grandes cetaceos perecerán perdidos en agitados mares. Mientras, los hombres vagarán sin rumbo bajo un sol abrasador por la mañana y las heladas de la noche.»

El problema de los recursos

Al empeorar notablemente el clima, el ser humano se verá directamente afectado, al igual que todos los recursos que necesita. Desde un punto de vista geopolítico, es tanto como decir que muchas naciones deberán cambiar sus políticas económicas y sociales. Los recursos tendrán que buscarse en otros lugares a riesgo de nuevas guerras y conflictos internacionales. Todos ello sin contar con lo que supondrán la amenaza y los efectos de una climatología cada vez más adversa y extrema en sus manifestaciones.

Adiós a los bosques

Más calor y mayor sequía generan más riesgos de incendio forestal. Es cierto que muchas veces es la mano del hombre la que está tras un incendio, pero las tormentas eléctricas, cada vez más frecuentes y aparatosas, pueden hacer lo mismo.

La desertización ya está en marcha, y se calcula que a medio plazo puede hacer desaparecer en torno a un 65 por ciento de los bosques boreales, es decir, una franja de coníferas que se extiende por América del Norte, Europa y Asia. Una franja que prácticamente cubría la mitad norte del planeta con pinos y abetos antes de la explotación y los asentamientos humanos.

Rasputín y el fin del bosque

De nuevo el profeta ruso parece ser uno de los que ve con más claridad el problema de la deforestación. En una de las múltiples profecías en esta línea, asegura:

> «Enfermarán las plantas y morirán una tras otra. Los bosques se convertirán en un enorme cementerio, y entre los árboles secos vagarán sin rumbo hombres aturdidos y envenenados por las lluvias letales.»

¿Se mantendrá la agricultura?

Por suerte siempre hay un resquicio de esperanza. En principio, aunque el rendimiento agrícola se verá afectado en todo el mundo, la verdad es que afectará más al Tercer Mundo que a la sociedad industrializada. Las zonas más al norte tendrán más temperatura, lo que favorecerá un aumento de la fotosíntesis. Otro tema será cómo regar en las terribles épocas de sequía o cómo salvarlas de tornados, lluvias torrenciales, etc.

El apocalipsis en la agricultura sobrevendrá en los países de latitudes bajas, los que están más al sur y suelen ser más pobres. La reducción de la agricultura, la dificultad para adaptarse a las nuevas condiciones climáticas y el aumento de la sequía generarán más pobreza, más hambre, más enfermedades y, por supuesto, peor calidad general de vida.

El peligro de los huracanes

Cada vez tenemos más y más peligrosos. Son fruto de la alteración climática. Para que nos hagamos una idea, un

Santa Hildegarda y el cambio climático

Afirmaba escuchar voces, entraba en éxtasis con gran facilidad y tenía revelaciones angélicas y divinas. Pronosticó guerras, terremotos y numerosas desgracias. Habló con muchísima anticipación de la creación de Estados Unidos, pero una de sus profecías más interesantes es la que alude directamente a las convulsiones climáticas que vivirá el planeta.

Santa Hildelgarda nos dice que estamos amenazados por graves peligros, y que alguno de los más relevantes vendrá precedido por la llegada de un gran cometa. Justo antes, «muchas naciones serán asoladas por tormentas y grandes oleadas de agua que causarán plagas y desolación. Las ciudades costeras vivirán temerosas, y muchas de ellas serán destruidas».

¿Alude la santa a las repercusiones que tendrá el deshielo y por tanto el aumento del nivel del mar? Los expertos en clima ya han advertido que padeceremos hecatombes provocadas por tormentas y lluvias torrenciales capaces de generar terribles oleadas de agua. De la misma forma, han presagiado la peligrosa posibilidad de que muchas zonas costeras, así como aldeas y poblados, sucumban bajo las aguas.

pequeño huracán es aquel cuyo diámetro no pasa de 150 kilómetros de ancho. En 1979 se produjo uno de los mayores de la historia, abarcó 1.100 kilómetros, suficiente como para afectar a toda la península Ibérica.

En el mar, el huracán puede generar olas de entre quince y dieciocho metros de altura, lo que, seguido de unos fuertes vientos racheados, puede suponer un efecto parecido a un pequeño tsunami al arremeter contra la costa. Si a todo ello le añadimos que puede originar lluvias torrencia-

les de hasta 300 milímetros en pocas horas, hay motivos
para estar preocupados.

- En 1998, fue la primera ocasión en cien años que se for-
maron cuatro huracanes a la vez en el Atlántico. Sucedió
en septiembre de ese año.
- El huracán Mitch provocó en 1998 más de 10.000 muertes
en Centroamérica. Arrasó Honduras y El Salvador. Sus
vientos sostenidos eran de 290 kilómetros por hora con
rachas puntuales de hasta 320 kilómetros.

Y a la par, los tornados

Son devastadores y, aunque parecen tener su zona de influencia delimitada a Estados Unidos, lo cierto es que con el
cambio climático pueden propagarse a muchas otras zonas.

Los vientos que genera un huracán alcanzan sin mucho
problema los 400 kilómetros por hora, pero el peligro más
grave es su capacidad para succionar todo lo que encuentran
a su paso.

Las súbitas variaciones de la presión atmosférica poseen
suficiente fuerza como para conseguir que explote un edificio, levantar grandes camiones o trailers e incluso arrancar
de las vías a los trenes.

- Algunos tornados han alcanzado velocidades de más de
500 kilómetros por hora, destruyendo todo cuanto halla-
ban a su paso.
- El fenómeno de un tornado se puede acompañar de tormentas tropicales y huracanes.
- Trece niños volaron por los aires al ser succionados por un
tornado en 1986, en China. El fenómeno meteorológico
transportó literalmente a los niños a diecinueve kilómetros
de distancia.

La enfermedad está en el aire

Nuestra capacidad para filtrar el aire es limitada. Pólenes, esporas de hongos, gases tóxicos... En ciudades industrializadas nos hemos acostumbrado a inhalar un poco de todo y a que no nos pase nada. Nada que no sean más enfermedades respiratorias, un incremento de los efectos alérgicos o el aumento de patologías derivadas del aparato respiratorio. Todo ello es soportable con el tratamiento adecuado, pero hay otros riesgos. Según el biólogo Julián Servent, «el cambio climático puede generar lluvias ácidas que afecten a terrenos agrícolas, recursos hídricos y poblaciones de peces». En Escandinavia, la actividad contaminante de las zonas urbanas ha generado ya lluvias ácidas a cientos de kilómetros de distancia.

Los riesgos que nos anuncia el biólogo Servent quedan en nada cuando uno lee las profecías de Rasputín, quien respecto de la toxicidad del aire nos dice:

«El aire que hoy desciende a nuestros pulmones para llevar la vida, llevará un día la muerte. Y llegará el día en que no habrá montaña ni colina; no habrá mar ni lago que no sean envueltos por el hálito fétido de la Muerte. Y todos los hombres respirarán la Muerte, y todos los hombres morirán a causa de los venenos suspendidos en el aire.»

Cabe resaltar que algunos investigadores de las profecías han visto en el pasaje anterior una advertencia sobre el peligro de la guerra química que ciertamente podría envenenar el aire como pronosticó Rasputín. Pero siguiendo con los efectos nocivos para la salud que implicará el cambio climático, el profeta y místico tiene más datos escalofriantes que ofrecernos:

«Donde la naturaleza había creado el orden, el hombre sembrará el desorden. Y muchos sufrirán por este desorden. Y muchos morirán a causa de la peste negra. Y cuando no sea la peste quien mate, serán los buitres que desgarrarán las carnes... Cada hombre tiene consigo la gran medicina; pero el hombre-animal preferirá curarse con los venenos.»

El problema del ozono

El ozono tiene la misión de proteger la superficie de la Tierra de la radiación solar ultravioleta que, en general, es nociva para los seres vivos. La disminución de la capa, que es ya un hecho real, genera cáncer de piel en personas con piel clara. Por otra parte, en aquellas zonas que por natural son soleadas, la radiación ultravioleta B afecta directamente a dolencias oculares, favoreciendo la aparición de cataratas.

Muchos videntes han afirmado que el ser humano acabará ciego y que la luz del cielo le impedirá ver crecer a sus hijos. Si bien durante años este tipo de profecías se han interpretado como el resultado de explosiones nucleares, en la actualidad se cree que los profetas estaban anunciando otro problema: la ceguera prematura por culpa del clima. La vidente Anastasia Singh indica:

«La osadía humana creará un velo en los ojos de los engreídos que no verán la luz solar, sino permanentes tinieblas ante sus ojos. No destruirán el planeta pero en la lucha, la Madre Tierra les castigará con enfermedades nunca vistas. Calor, terremotos, lluvias, incendios y nuevas enfermedades.»

2050. La extinción en masa

No es una broma de mal gusto ni una profecía. Un estudio internacional auspiciado por Naciones Unidas nos anuncia para 2050 un futuro muy negro si las cosas no cambian:

Más dolencias y peores enfermedades

Los estudios climáticos vinculados a la salud advierten del inminente peligro que se acerca y que puede significar no el fin del mundo, pero sí de muchas formas de vivir:

- En algunas zonas del planeta a corto y medio plazo, las enfermedades infecciosas se triplicarán.
- Se prevé un aumento mundial de hasta 80 millones de casos de malaria antes de cien años.
- Las dolencias como la leishmaniosis, así como otras fiebres transmitidas por mosquitos y garrapatas, se extenderán a zonas que hasta la fecha estaban a salvo. España y Portugal serán dos de los países más afectados.
- Enfermedades como el dengue o la encefalitis del Nilo occidental son sólo dos de las enfermedades infecciosas que se prevé que se extiendan por Europa, aunque a corto plazo no se prevé que se conviertan en endémicas.

- **Exterminio:** de al menos una cuarta parte de la población de todas las especies animales y vegetales. Plantas, mamíferos, pájaros, reptiles y anfibios perecerán y terminarán por extinguirse en Brasil, Europa y Australia. En sí, una destrucción casi tan trascendental como la de los dinosaurios.
- **Temperatura:** los niveles alcanzados para el 2050 no los ha padecido la Tierra en treinta millones de años. Los hábitats no podrán adaptarse a ello, porque el aumento, pese a que es gradual, es excesivamente rápido. Se precisarían

millones de años para que la Tierra pudiera adatarse de forma adecuada.

- **Catástrofes extremas:** las temperaturas desatarán climas exagerados, y serán cada vez más normales los tornados, las inundaciones en masa y las olas de calor.
- **Muerte por doquier:** los humanos no estamos exentos del fin. El cambio climático afectará a miles de millones de personas principalmente en el Tercer Mundo, donde no podrán obtener alimentos, no disponer de infraestructuras, ni de energía ni de los servicios médicos adecuados.

Profecías demoledoras que no debemos olvidar

Lo visto hasta el momento sobre el cambio climático no es poco. Claro que si investigamos, aunque sea someramente, lo que han dicho muchos otros profetas respecto de las variaciones meteorológicas y vinculamos todo ello con el cambio climático, ciertamente podemos estar preocupados.

Profecías sobre la gran crisis agrícola

Se hacen llamar «Luz Matutina». Conforman un grupo de sensitivos que desde 1973 se someten a estados modificados de la conciencia que les permiten romper las barreras espacio-temporales, efectuando predicciones que habitualmente suelen estar relacionadas con el clima. Entre otras muchas desgracias auguran el cambio climático irreversible: grandes crisis agrícolas, notables y fuertes sequías, el padecimiento de calores extremos, así como heladas y exceso de humedad allí donde hasta la fecha no la ha habido. Predicen grandes colas en las tiendas de abastecimientos y las intervenciones de la policía y el ejército para poder resolver los problemas que generarán las hambrunas.

Una visión de extrema violencia

Uno de los profetas contemporáneos que vincula sus visiones a un cambio climático es David Wilkerson. Este profeta asegura:

> «Los cambios drásticos de tiempo superarán marcas en todo el mundo. Vienen catastróficas olas de calor, horrorosas inundaciones y caprichosos cambios de tiempo. Esto no es nuevo, pero antes las cosas volvían a la normalidad. En mis visiones observo que debemos estar preparados para afrontar los nuevos cambios que vienen y que sólo Dios podría explicar. El mundo presenciará las mayores desgracias causadas por las más drásticas y terribles variaciones atmosféricas.»

Si bien el profeta no aporta nada que no hayan dicho los expertos en meteorología, se compromete en sus aseveraciones al decirnos que «en Rusia central y occidental habrá inviernos sin nieve. Todo el sudeste de Asia y África recibirá duros golpes: sequías de cuarenta meses en África, donde millones de seres humanos deberán afrontar la inanición».

Wilkerson prácticamente no deja títere con cabeza al expresar las desgracias climáticas que vienen. Y asegura, por ejemplo, que en pocos años una tercera parte de Estados Unidos será declarada zona catastrófica, y que en la Tierra veremos «brumas de sangre, tormentas cósmicas y tan largos periodos de oscuridad que pensaremos que el sol se niega a brillar».

Advertencia profética: la naturaleza herida de muerte

La monja agustina de finales del siglo XVIII Catalina Emmerich fue ante todo una mente preclara. Al parecer, ya desde su nacimiento entendía el latín litúrgico, y su misticismo la llevó al extremo de vivir los doce últimos años de su vida alimentándose tan sólo de la Sagrada Comunión y bebiendo agua, no sabemos si bendita o no.

Las percepciones de la vidente se centraron en la vida del planeta, en los padecimientos de los seres vivos, tanto si eran del reino vegetal como del animal.

En una de sus profecías, Catalina asegura que la Tierra estará cubierta de oscuridad y tinieblas, algo por otra parte nada nuevo, y mencionado hartamente por otros profetas. Lo realmente revelador respecto del cambio climático es lo que ve durante uno de sus vuelos místicos o, si se prefiere, estado modificado de la conciencia, en el que realiza una llamada «proyección psíquica». Catalina nos dice:

«Todo se desecaba y parecía perecer. Era como si el agua hubiera sido quitada de los arroyos, fuentes, ríos y mares. Atravesé la tierra desolada y vi los mares como negros abismos. Todo era un fango espeso y turbio en el que había animales y peces luchando contra la muerte... Vi también lugares y hombres en tristes estados de confusión y perdición, que lloraban viendo la tierra árida y desolada.»

Desde luego, la visión no es en absoluto agradable. Parece confirmarnos el presagio de que está por llegar un cambio climático. Y si a ello le añadimos que, como veremos en la segunda parte de esa obra, dicho cambio puede concordar también con el fin de la Iglesia (final que también presagia Catalina), podría decirse que esta profecía aún no se ha cumplido.

Con respecto a la desolación vinculada a los estamentos eclesiásticos, la monja agustina, al tiempo que observa la desolación de las tierras, añade: «Reconocí Roma y vi a la Iglesia oprimida observando su decadencia en el interior y en el exterior». Veremos que frases como la anterior se repiten o se parecen a muchas otras que auguran el final del papado.

Un Armagedón meteorológico

«La hora del castigo está próxima, pero yo manifestaré mi misericordia.» Duras palabras las vertidas en las profecías y advertencias del padre Pío de Pietrelcina, capuchino italiano nacido a finales del siglo XIX y fallecido en 1968, que desde 1915 padeció las llagas o estigmas de la crucifixión de Jesús: unas úlceras que permanecieron inalterables durante cincuenta años.

El padre Pío efectuó numerosas revelaciones que, en este caso, más que advertencias del peligro de un cambio climático eran una amonestación divina, claro que los efectos prácticamente serían los mismos.

Según el padre Pío, se producirían huracanes de fuego que serían lanzados por las nubes y se extenderían por toda la Tierra. Además de todo ello, advirtió: «Acontecerán tempestades, truenos, lluvias ininterrumpidas y terremotos que cubrirán la tierra... La noche será muy fría, surgirá el viento, reventarán los truenos.

El viento transportará gases envenenados que se difundirán por todo el planeta. Durante estos días y noches de tinieblas, sólo las velas bendecidas darán luz sin consumirse».

No hemos pasado por alto en esta profecía el eminente carácter religioso. Son algunas amonestaciones o advertencias que, en nombre del Altísimo y de sus Ángeles, nos ofrece Pío. Éste, entre otras cosas, advierte a los que no están en estado de gracia, a los incrédulos o incluso a los que osen no escuchar su mensaje, de que sus ángeles se encargarán de exterminar a todos los que se rían de Dios y no crean a sus profetas. Ante las calamidades meteorológicas, Pío, canalizando el mensaje divino, conmina a cerrar todas las puertas y ventanas de la casa, arrodillarse frente a un crucifijo y, cómo no, arrepentirse de todos los pecados. En caso contrario, «los que no presten atención a esta advertencia serán abandonados e instantáneamente asesinados por el furor de la cólera divina».

Nostradamus y el cambio climático

El gran profeta también dejó escritos vaticinios en torno al cambio climático. Su prosa, más metafórica si la comparamos con lo visto hasta el momento, parece indicar que las cosas serán más suaves de como otros las describen, aunque no por ello puedan resultar menos graves. Veamos dos cuartetas:

CENTURIA IV - LXVII
«Mientras Saturno y Marte iguales arden,
el aire muy seco larga trayectoria,
por fuegos, secretos de ardor gran lugar adusto,
poca lluvia, viento cálido, guerras, incursión.»

En esta cuarteta el maestro parece pronosticar un largo tiempo de sequías que además podrían ser el perfecto caldo de cultivo para un aumento de temperaturas así como para grandes incendios forestales. Vemos que nos dice poca lluvia y viento cálido, dos de los condicionantes para que se incremente el riesgo de deforestación por culpa de incendio. Otro aspecto que resaltar es que augura confrontaciones o guerras por culpa del clima.

CENTURIA VI - V
«Tan gran hambruna por ola pestífera,
por lluvia larga a lo largo del polo Ártico,
samatobryn cien leguas del hemisferio,
vivirán sin ley exentos de política.»

La cuarteta anterior parece insistir en aspectos derivados de las lluvias torrenciales, otra de las grandes predicciones de los climatólogos.

SEGUNDA PARTE

¿Nosotros somos el apocalipsis?

Ante las profecías, muchas veces lo ideal es pasar a formar parte del grupo de los «no sabe, no contesta». Resulta muy complejo defenderlas a ultranza y no es menos complicado negar las evidencias que nos presentan. Tomar dicha actitud no implica ni el desconocimiento ni tampoco la desinformación. Es una forma de tomar perspectiva, ver pasar la vida y actuar para con las profecías como si de una película se tratase.

La primera parte de este libro tenía el objetivo de compaginar amenazas reales de origen natural con contenidos proféticos que, aludían a ellos. Aunque en ocasiones el objetivo de las profecías parece ser el de asustarnos y comunicar el inevitable «fin del mundo», no deberíamos tomarlo de esta manera.

Sin lugar a dudas, lo que más llama la atención son las denominadas, «profecías siniestras». Uno se pregunta si acaso los profetas sólo ven lo negativo, y en cierto modo parece ser que así es. Se nos suele advertir, con todo lujo de detalles, de enfermedades casi pandémicas o de las grandes destrucciones a causa no ya de las guerras, sino también de los fenómenos meteorológicos. Se nos anuncia la llegada de anticristos, dictadores, traidores y todo tipo de holocaustos provocados por ellos. En sí, la pregunta que uno se hace es ¿quién está detrás el dictado de la profecía? ¿Dios? ¿Una conciencia universal? ¿Qué? Al tiempo, también merece la pena que nos preguntemos si todo lo que nos espera en nuestro futuro es la muerte y la devastación.

Por suerte, muchos visionarios, especialmente aquellos que tienen una vinculación religiosa, nos dicen que quizá tendremos una segunda oportunidad. Afirman que tal vez podremos redimirnos o que a lo mejor, tras las grandes hecatombes sobrevendrá un nuevo tiempo o nueva era. De ser así debemos entender que las profecías no siempre son condenas irremediables sino advertecias para que corrijamos nuestras actitudes.

A veces uno se pregunta si son los dioses realmente los que escriben las profecías o si son los gobernantes y mandatarios de los pueblos que, conociendo parte de ellas, las utilizan en su propio beneficio para construir la historia. En cierto modo la profecía es un arma interesante, pero al fin, un arma de doble filo. Si la sabemos utilizar adecuadamente podrá darnos destellos de conocimiento como individuos, pero en manos de un experto en campañas de marketing destructivas, se convierte en el mejor de los virus capaz de socavar la ética, la moral y los miedos más profundos que alberga el ser humano en su interior.

Como siempre partimos de la base de que «esto se acaba» y como nuestro apego a la vida es tan recalcitrante que a veces estamos más pendientes del momento del fin que de la belleza de los días que nos llevan hasta él, las profecías siniestras se convierten en el mejor ungüento capaz de distraernos de nuestro presente continuo para hacernos mirar hacia un futuro siempre incierto.

Las profecías no nos han hablado casi nunca de grandes personajes de la historia que destacaron en política, biología, literatura, sociología o medicina, y gracias a los cuales hoy estamos en condiciones de disfrutar de un mundo mejor. Otra cosa es que no empleemos adecuadamente los recursos, pero las herramientas están. Eso sí, de traidores, carniceros, anticristos y bestias inmundas de apariencia humana, las profecías están llenas. ¿El motivo? Hay quien afirma que la humanidad es intrínsicamente negativa y que al pesar más lo malo sobre lo positivo, los profetas captan mejor dicho canal de información.

Si en la primera parte hemos visto el posible fin de la humanidad gracias a la «intervención divina» o si se prefiere, para los no creyentes, a los desastres naturales, creo oportuno centrar esta segunda parte, no sólo en hechos que curiosamente están acaeciendo en estos días, y que parecen indicar que el destino conspira para que se produzca un fin, sino también en los grandes temas catastróficos de origen humano.

Los lectores que me conocen saben que no creo en el fin del mundo. Lo he predicado cientos de veces en radio, prensa y televisión. Sí creo en el fin de un prototipo de mundo o de un tipo de humanidad. Más que nada porque el cambio es lo natural. De hecho, nuestro mundo actual bastante poco tiene que ver con el que vivieron nuestros abuelos, y mucho menos con el de nuestros antepasados más lejanos.

Nuestra historia como especie es la de un continuo cambio. La evolución va por otro lado. Hemos construido y destruido nuestros mundos, conceptos, dogmas y civilizaciones decenas de veces. Las creencias, los miedos, los mitos y las religiones nos han ayudado a hacerlo. Las cosas no tienen por qué dejar de ser así, de hecho no lo hacen y el mundo o nuestra concepción de él sigue cambiando. Por eso sigue teniendo sentido, al menos para civilizaciones como la nuestra, el conflicto entre Oriente y Occidente, el temor a una guerra mundial, etc.

Como nuestro mundo es cada vez más global y, por tanto, está interconectado, en principio, todo nos afecta a todos. Pero, sinceramente, ¿cómo entiende la existencia profética del Anticristo un pastor de vacas de Gambia? ¿La vivirá con igual preocupación que el pastor de vacas del Pirineo que

posee una marcada tradición católica? ¿De verdad le preocupa el fin del papado a un informático cuyo Dios se manifiesta a diario mediante un código binario?

Las preguntas y reflexiones anteriores no pretenden ser un
juego. Son una simple muestra de que «el fin» tiene sentido
según quién sea el espectador que lo percibe, según cuál sea
nuestra filosofía y, por supuesto, nuestro sistema de vida.
Pero como decía anteriormente, somos simples espectado-
res. Que nos enteremos o no «de qué va la película» en este
caso, de cómo nos afectan las profecías, dependerá de que
sepamos prestar atención a la proyección, con independencia de que para verla hayamos tenido la suerte de haber nacido en platea o en palco.

Si prestamos atención a nuestro entorno y a lo que nos
dicen las profecías sobre nuestros días, tendremos más de un
motivo para asustarnos. Y es que, algo está pasando, algo
que sólo unos pocos privilegiados, los profetas, han sabido
ver con la suficiente anticipación.

5

Cruzadas, el eterno conflicto

Este mensaje es el último que enviamos a los Estados europeos. Les damos el plazo de un mes para sacar a sus soldados de la tierra de Mesopotamia. No habrá otros mensajes, sino actos y palabras que serán trazados en el corazón de Europa. Será una guerra sangrienta al servicio de Dios.

AL QAEDA (advertencia pública hecha en el año 2005)

Tras los atentados londinenses del 7 y 21 de julio de 2005, el Viejo Continente, tantas veces citado en las profecías, tembló. Uno de los intocables, el a veces mencionado como el Reino del León, había sido herido. Durante esos días, en diferentes páginas de Internet, con carácter supuestamente islamista, se explicaba con claridad que «los Gobiernos cruzados están siendo atacados».

Los investigadores y conocedores de las profecías que aluden directamente a la destrucción de Londres seguramente no esperaban un ataque terrorista. Durante siglos los profetas han advertido de que Londres dejará de existir, pero ¿tanta capacidad de destrucción poseen los grupos de terrorismo islamista?

Las advertencias de Merlín

Los hijos de Gran Bretaña deberían estar ciertamente preocupados si hacen caso a las profecías del mago Merlín, instructor del legendario rey Arturo.

A mitad del siglo XII, Geoffrey de Monmouth recopiló antiguas historias y leyendas sobre Britania. Entre ellas, redactó una brillante biografía en verso sobre Merlín. Para crearla se basó en la antigua sabiduría de los celtas y en las tradiciones que sus trovadores, conocidos como bardos, habían legado al pueblo. Buena parte de aquel material contenía información profética atribuida a un tal Merlín, que no necesariamente era un dios ni tampoco el instructor artúrico, sino quizá un druida profeta.

De entre todo el material profético de Merlín, hay una serie de pasajes que en la época actual parecen cobrar más sentido que nunca, dada la peligrosidad intrínseca que hay en los atentados islamistas.

Un atentado nuclear

¿Hay algo más efectivo que volar una central nuclear? Si hacemos caso a las profecías de Merlín, la central nuclear que se encuentra situada en las inmediaciones del estuario de Severn, cerca de Barkeley, corre peligro:

> «En aquellos días las encinas de los bosques arderán, y les nacerán bellotas a los árboles de tilo; el mar de Severn se derramará por siete desembocaduras, el río arderá durante siete meses. Los peces morirán por el calor y de sus cuerpos nacerán serpientes.»

Si tenemos en cuenta la presencia de la mencionada central nuclear de Barkeley, y que en las inmediaciones de ésta existe un gran embalse con múltiples aberturas que sirven para que giren las turbinas de la central, un atentado en la zona, además de provocar graves incendios (no sólo para que ardan los bosques sino todo lo que hay a su alrededor), podría ciertamente generar la destrucción de la presa, con lo que, como dice la profecía, el agua se derramaría por varias desembocaduras.

20.000 muertos en Londres

Las profecías de Merlín a veces asustan. El profeta nos habla de una gran contaminación que termina por convertir el río Támesis en fuente de desgracia. Cabe preguntarse si es posible que los grupos de terrorismo islamista dispongan de armamento químico con el poder suficiente como para envenenar masivamente a la población. Merlín nos cuenta:

El cambio climático puede convertirse en los próximos años en el verdadero cataclismo apocalíptico que termine con una parte de la humanidad.

«Las aguas de Badon saldrán frías, y sus poderes curativos sólo acarrearán muerte. Londres llevará luto por la muerte de veinte mil seres y el río Támesis se convertirá en sangre. Los monjes encapuchados se verán forzados a casarse y su lamento se oirá más allá de los Alpes.»

Vaya por delante la advertencia de que entre los siglos I y IV, en las inmediaciones de la actual población de Bath existió un templo profético dedicado a Sulis que luego, con la influencia romana, pasó a recibir el nombre de Minerva. Aquella era una zona de termas curativas cuyas aguas fueron declaradas como altamente contaminadas en la década de los ochenta, de forma que se prohibió el baño y se cerraron al acceso público. Si bien esta zona está relativamente alejada del Támesis, los ecologistas de la época advirtieron sobre el peligro de que el gran río inglés padeciera los efectos de los contaminantes.

En el caso que nos ocupa, la profecía que convierte el Támesis en sangre puede aludir o bien a que se produce un vertido bacteriológico que afecta a la población, o bien a la producción de una serie de atentados en cadena a las orillas del río, de forma que finalmente éste se tiña de sangre simbólica. Lo que no nos queda claro es la presencia de los monjes encapuchados que se ven forzados a casarse, a no ser que de forma solapada dichos monjes no sean sino imanes vestidos con chilaba y capucha, que al ser perseguidos, como ya está sucediendo recientemente, por profesar la religión musulmana, aparenten un cambio radical de vida.

Atentado en el Eurotúnel

Desde el 6 de mayo de 1994, Gran Bretaña está unida al resto del continente europeo mediante una titánica construcción semisubmarina que enlaza las poblaciones de Folkestone en el Reino Unido y Calais en Francia. Esta gran obra de ingeniería, llamada Eurotúnel, que tiene una longitud total

Detalle del Eurotúnel cuando estaba en construcción. Una profecía de Merlín anuncia un posible atentado en dicho recinto.

de 50 kilómetros (de los cuales 39 están bajo el mar), a una
profundidad que ronda los 40 metros, corre serio peligro.
Merlín ya visualizó su construcción, pero además advirtió
de la posibilidad de un gran accidente.

Con respecto a la construcción del túnel Merlín nos dice:
«El erizo se aprovisionará de manzanas y abrirá pasajes sub-
terráneos». Como es lógico, Merlín no podía imaginar en su
época una tuneladora moderna, utiliza el lenguaje simbólico
para, de este modo, aludir a una criatura que tiene capacidad
de cavar túneles.

Sin embargo, lo más relevante respecto del Eurotúnel, así
como de la desgracia que puede suceder en él, está en el
siguiente pasaje:

> «En ese tiempo las piedras hablarán y el área cercana a
> la costa gálica se reducirá a un espacio estrecho. Los
> hombres podrán oírse de una orilla a otra y el suelo de la
> isla será alargado. Los secretos de las profundidades
> serán descubiertos y la Galia temblará de miedo.»

El Eurotúnel está totalmente informatizado y las modernas «piedras que hablan» son los microchips que hay en los ordenadores. Efectivamente la tierra inglesa se ha alargado ya que, al igual que la francesa, se prolonga mediante el túnel. Ahora bien, ¿qué quiere decir Merlín con que «los secretos de las profundidades serán descubiertos y la Galia (Francia) temblará de miedo»?

Los expertos e investigadores en simbolismo y profecías creen que este último pasaje alude a una catástrofe natural que provocaría una fractura del túnel con la consiguiente muerte masiva de personas. Tengamos presente que la previsión anual de futuro es que el Eurotúnel transporte más de treinta millones de viajeros al año. Los menos optimistas piensan que «los secretos de las profundidades descubiertos y los temblores de miedo» se deberán a una explosión devastadora en el interior del Eurotúnel.

Un antiguo problema

Para los nacionalistas árabes más extremistas, las cruzadas no finalizaron oficialmente, como se dijo en 1798, cuando Napoleón I conquistó Malta a los caballeros hospitalarios de San Juan de Jerusalén. Para muchos integristas árabes, las acciones que Europa occidental inició en 1095, al grito de «Dios lo quiere» y por mandato del papa, continúan vigentes en la actualidad. Eso sí, consideran que se llevan a término de otra manera: sobreexplotación de recursos, invasiones tecnológicas, o directamente guerras como las de Afganistán e Irak, que, según los muyahidines, son el motivo actual de la cruzada final.

Cuando caen las torres

Ni los atentados de Londres, ni los acaecidos en España, ni otros tantos realizados supuestamente en nombre de Al Qaeda,

Muyahidines al servicio de Dios

Teóricamente, muyahidín es aquella persona que practica la llamada yihad o defensa del islam. Sin embargo, los muyahidines más populares son los extremistas que actúan como combatientes y le dan a su lucha un sentido religioso.

La yihad se basa en defender a los musulmanes practicando la «guerra santa». Según los juristas clásicos, esta práctica debería respetar a ancianos, mujeres, niños, prisioneros e incluso sacerdotes y templos, pero también puede llevarse a cabo una yihad pacífica mediante la prédica y la defensa dialéctica del islam a los no musulmanes.

tienen parangón con lo acontecido el 11 de septiembre de 2001 en Estados Unidos. Desde Occidente suponemos que el ataque a las Torres Gemelas fue el inicio de una extraña cruzada islámica contra Occidente. La verdad es que así se nos ha vendido. Sin embargo, no es menos cierto que el historial delictivo de dicha organización se remonta oficialmente al 26 de febrero de 1993. En esta fecha, la organización terrorista Al Qaeda causó seis muertos y alrededor de mil heridos en lo que fue su primer atentado con explosivos en el World Trade Center de Nueva York.

No entraremos todavía en intentar a aclarar el misterio en cierta forma hasta esotérico que hay tras los atentados de las Torres Gemelas. Lo curioso no es que cayeran –de hecho tuvieron una primera oportunidad de salvarse en el año 1993–, lo significativo está en que hasta la fecha nadie ha sido capaz de encontrar una profecía clara y contundente que advirtiese de la demolición de las torres.

A los pocos días de cometerse el atentado del 11-S circuló una cuarteta atribuida a Nostradamus en la que supues-

Los atentados en el metro y en un autobús de Londres, son, según los profetas, el inicio de algo terrible que todavía está por acaecer.

tamente se anunciaba el atentado. El texto evidentemente no era de Nostradamus, y luego se supo que correspondía a un estudiante alemán que efectuaba una tesis sobre el profeta y quiso «jugar» a ver qué pasaba.

Rasputín lo sabía

Lo relevante de las Torres Gemelas no es que fueran edificios, porque cualquier profeta podría haber anunciado una desgracia catastrófica en una gran edificación. Lo verdaderamente significativo es el símbolo que representaban. Eran poco menos que el techo del mundo, ya que pese a ser bastante más pequeñas que las torres Petronas de Malasia, las del 11-S se encontraban en el país líder de occidente. Simbolizaban el poder y supuestamente la libertad, la democracia y, por tanto, los valores de occidente.

Sí hay una profecía que alude al simbolismo que se halla implícito en la caída de las Torres Gemelas de Nueva York.

El místico Rasputín, cuando pronosticó «tiempos agitados y conflictos internacionales», además de decir que «Mahoma dejará su casa... y las guerras estallarán como temporales de verano» parecía conocer que se establecería un profundo conflicto entre Oriente y Occidente. De hecho, Rasputín auguraba devastaciones «hasta el día que se descubrirá que la palabra de Dios es una, aunque sea pronunciada en lenguas distintas».

No obstante, una de las cosas más interesantes del legado que nos dejó el místico Rasputín respecto del símbolo de poder de las Torres Gemelas es esta profecía:

«Y se dirá que en las torres habitará la ira, pero aquellas serán castillos de muerte. Algunos de estos castillos serán sacudidos y de sus heridas saldrá sangre podrida que infectará la tierra y el cielo. Grumos de sangre infectada volarán como rapaces sobre nuestras cabezas. Y más de un rapaz caerá sobre la tierra, y la tierra donde caiga se volverá desierta durante siete generaciones.»

El efecto de los grumos de sangre

No hace falta sacar de contexto la profecía de Rasputín para que al leerla vengan a la memoria los tantas veces mediáticos y televisados episodios de las Torres Gemelas. Ciertamente se convirtieron en castillos de muerte, pues se calcula que al menos tres mil personas perecieron en ellas. Verdaderamente la sangre se pudrió con aquellos atentados.

De entrada, el efecto de los «grumos de sangre» anunciados por Rasputín fue que Estados Unidos atribuyera a Bin Laden, el jefe de Al Qaeda, la organización de los atentados. Y que el Gobierno de George Bush se viera capacitado para intervenir en Afganistán y derrocar al Gobierno de los mulás talibanes. Evidentemente esa «sangre podrida», que no era sino el rencor y el odio, implicó que Estados Unidos, junto con sus países aliados, comenzara a buscar en el llamado

Curiosas coincidencias en las Torres gemelas

El análisis de las profecías a veces requiere de la combinación extraña de números y letras, y también de hacer que las piezas encajen mediante cálculos o supuestos invisibles a primera vista.

El número 11 parece marcar con determinación la trama de las Torres Gemelas. Aunque no lo consideremos revelador de futuras profecías, sí son curiosas las coincidencias que nos muestra, puesto que, como veremos en otros apartados, los hechos concurrentes y en apariencia casuales parecen perseguir al terrorismo islámico.

- El 11 de septiembre es el día 254 del año: $2 + 5 + 4 = 11$.
- El primer avión en impactar contra las torres fue el vuelo número 11.
- En el vuelo 11 había 92 personas a bordo: $9 + 2 = 11$.
- En el vuelo 77, el que chocó contra la otra torre, había 65 personas a bordo: $6 + 5 = 11$.
- El Estado de Nueva York fue el onceavo en agregarse a Estados Unidos.
- La cantidad de letras que forman la palabra «New York City» da como resultado el número 11.
- Según las cifras oficiales, el número de fallecidos en los atentados del día 11, tanto los producidos en el World Trade Center como los del Pentágono, asciende a 3.044 personas: $3 + 0 + 4 + 4 = 11$.

«eje del mal» armas de destrucción masiva que nunca aparecieron y que supuestamente podían estar en Irak, país que también, siempre en versión de Estados Unidos, apoyaba el terrorismo islamista de Al Qaeda.

Ciertamente, como dijo Rasputín, los «grumos de sangre infectada» volaron como rapaces sobre nuestras cabezas, pues así volaban los aviones bombarderos y misiles que arrasaron Afganistán primero e Irak después.

Si el padre del actual presidente Bush se caracterizó, durante la primera Guerra del Golfo, por esgrimir la frase «nuevo orden mundial», su hijo se ha determinado por lanzar y encabezar una guerra mundial contra el terrorismo internacional.

Las trompetas ya están sonando

Años después de los atentados de las Torres Gemelas, para muchos el inicio de la Tercera Guerra Mundial, vivimos ciertamente amenazados por las redes de un extraño y supuestamente todopoderoso terrorismo internacional, formado por múltiples células dispuestas a proyectar una «cruzada contra el infiel» que devuelva los efectos de esa otra cruzada contra el terrorismo esgrimida desde occidente.

Es como si tras el 11-S se hubiesen puesto las bases necesarias para darles la razón a muchísimos profetas que auguraron terribles guerras para el final de los tiempos. El mapa geopolítico que tenemos a la vista no es desde luego alentador, y todo parece indicar que ciertamente nos encaminamos, si es que no lo estamos ya, hacia el sendero final que nos conducirá al tantas veces anunciado apocalipsis o, si se prefiere, fin del mundo conocido. Así las cosas, tenemos:

1. La Cruzada Final

O lo que es lo mismo, el mantenimiento del conflicto entre Occidente y Oriente, protagonizado por dos cabezas visibles básicas: Bush y Bin Laden. Ahora bien, ésta no es la única guerra que está por desarrollarse...

2. El resurgir del Anticristo

Para muchos, el presidente de Estados Unidos y el mandatario supremo de Al Qaeda representarían a las bestias que, según los profetas, convulsionarán a la humanidad; ellas serían dos versiones posibles del anunciado Anticristo.

3. Nuevas Guerras Mundiales

Aunque de forma solapada, estamos inmersos en una contienda global. De hecho, hay frentes abiertos en cualquiera de los países que le sigue el juego a Estados Unidos, y que, por tanto, siempre según Al Qaeda, han colaborado en la guerra de Irak o en Afganistán, por ello las zonas de conflicto mundial son mucho más vastas. La contienda actual se puede seguir desarrollando en forma de atentado en Norteamérica, Europa, el continente africano, Asia y hasta en Australia. Diversos escenarios dispersos en el planeta, como para hablar de contienda mundial, aunque sólo por citar a alguien indicaremos que Nostradamus vaticinó hasta cuatro guerras mundiales.

Michel de Nostradamus, el mayor profeta de todos los tiempos, auguró, entre muchas otras cosas, las guerras de Irak, el terrorismo internacional así como una Tercera y Cuarta Guerra Mundial.

4. Integrismo religioso

No solamente crece cada vez con más fuerza la defensa a ultranza de los valores integristas islámicos, sino que en equivalencia, aumenta el integrismo católico así como el sionista. Y además de todo ello, ¿puede estar cerca el fin del papado?

Estos cuatro puntos básicos que, además, aparecen más o menos vinculados a textos proféticos que aluden a ellos, no son más que cuatro ramas de un mismo problema, es decir, el enfrentamiento entre Occidente y Oriente. Curiosamente cuatro aspectos, como cuatro son los Jinetes del Apocalipsis, que teóricamente serán los encargados del fin del mundo.

¿La última cruzada?

Supuestamente ahora ya no es cristiana, sino musulmana, y tiene como objetivo «liberar a las naciones árabes de la opresión de Occidente». ¿Qué podemos esperar de ella? A mediados de 2005 los terroristas islámicos más recalcitrantes amenazaron a varios países europeos: «Dinamarca, Holanda, Gran Bretaña, Italia y los otros países cuyos soldados continúan surcando el territorio iraquí». La consigna es clara: o esos países retiran sus tropas de Irak y, por tanto, también su apoyo a Estados Unidos, o padecerán la venganza de la guerra santa o yihad.

La organización de Al Qaeda en Europa, además de amenazar a los principales países que considera cruzados, tras los atentados de Londres comunicó en julio de 2005 a través de Internet:

«Alegraos, mundo árabe. Ha llegado el momento de la venganza contra el Gobierno cruzado sionista del Reino Unido. Los heroicos muyahidines llevaron a cabo un ataque sangriento en Londres y ahora el Reino Unido está ardiendo en medio del miedo y el terror, de norte a sur y de este a oeste.»

El trío de las Azores según Nostradamus

La amenaza actual de los terroristas islamistas parece nacer con la guerra de Irak. Estaba prevista, o al menos así se deja entrever en algunas de las cuartetas de Nostradamus.

Hagamos memoria y recordemos que la invasión a Afganistán fue una primera etapa en la lucha de Estados Unidos contra el terrorismo islamista. Una vez derrotados los talibanes, el gobierno americano decidió que era preciso encontrar armas de destrucción masiva, y sus servicios secretos determinaron que estaban en Irak.

Tras un prolongado tira y afloja, el 16 de marzo del 2003, en las Azores, los mandatarios de Estados Unidos., Gran Bretaña y España, se reúnen para deliberar, y todo parece indicar que habrá guerra. George Bush, Tony Blair y José María Aznar configurarán el llamado «trío de las Azores». Su reunión servirá para lanzar un definitivo ultimátum a Sadam Hussein. Nostradamus dijo al respecto:

CENTURIA I
CUARTETA LXXVI
«De un hombre temido, tal proferido será,
que las tres hermanas habrán hecho el nombre:
luego gran pueblo por lengua y hecho dirá
más que ningún otro tendrá fama y renombre.»

Podemos interpretar que en el momento de la reunión de las Azores, el hombre temido no es Osama Bin Laden, de quien se dijo que estaba vinculado con Hussein, sino éste último. Las «tres hermanas» bien pueden ser las tres naciones: Estados Unidos, Gran Bretaña y España, tres países que pueden adoptar su nombre en femenino. En cuanto al «gran pueblo», podemos asociarlo con la cultura mesopotámica, en este caso Irak. Que lamentablemente más que ningún otro, desde la invasión hasta nuestros días, suele protagonizar diariamente unos minutos en los informativos.

La profecía de la guerra

Una gran parte de la población mundial estaba segura de que las tan mentadas armas de destrucción masiva no se encontrarían jamás, dado que no existían, puesto que no eran sino la excusa para invadir Irak. Ya desde la primera Guerra del Golfo, la antigua nación árabe padecía las sanciones de las Naciones Unidas, y tras la invasión pasó a ser un protectorado virtual de Estados Unidos, que con independencia de la protección que pueda ofrecer al país, posee acceso al control del petróleo y tiene un pie en las fronteras de otro de sus enemigos: Irán. Nostradamus también parecía conocer la inexistencia de las armas de destrucción masiva y preveía la contienda, así como las acciones no colaboracionistas que llevaría a cabo el presidente de Irak.

CENTURIA I
CUARTETA LXXV
«Por la respuesta de dama rey turbado,
embajadores despreciarán su vida,
el grande a sus hermanos falseará doblado.
Por dos morirán ira, odio y envidia.»

Aunque Estados Unidos no es un reino, podemos interpretar que «el rey turbado» es Bush, que entra en ofuscación por la respuesta que le da el mandatario de Irak al mundo: no colaborará, puesto que su país no tiene nada que esconder. En este caso «la dama» puede ser un figurativo de la Gran Persia. En cuanto a la tercera línea de la estrofa, «el grande», que es sin duda Estados Unidos, engaña con falsedades a sus hermanos, Gran Bretaña y España, insistiendo en la necesidad de atacar Irak, puesto que sigue afirmando que posee armas de destrucción masiva.

La última línea es significativa respecto de cómo se llevó a cabo la contienda, ya que si bien participaron en ella más países que los representados en el trío de las Azores, de los tres iniciales sólo dos aportaron tropas para luchar: recordemos que las tropas españolas actuaban como soporte y acción humanitaria, pero no tenían prevista la contienda. De esta forma, de los tres iniciales nos quedan dos, que son aquellos que llevarán adelante las principales batallas. Estos dos países, «por dos morirán ira, odio y envidia», pueden ser Gran Bretaña y Estados Unidos, que recordemos que cada vez se han ido quedando más aislados, con la sucesiva retirada de tropas, entre ellas las españolas.

Rasputín y la influencia mediática

Los atentados de las Torres Gemelas, los bombardeos sobre Kabul, el atentado del 11-M en Madrid, así como la guerra de Irak y los reiterados atentados de los llamados «insurgentes» forman parte del pan nuestro de cada día. La guerra de hoy se transmite por televisión y se amplía por Internet. Estamos mejor informados, pero como ya advirtió el místico ruso, también podemos ser manipulados más fácilmente:

«Cuando vuelen las imágenes, madurará un fruto venenoso, y serán muchos quienes lo comerán. Y el fruto venenoso transformará a los hombres en animales… Las imágenes que vuelan consumirán las fuerzas del hombre, pero el fruto venenoso embriagará al hombre.»

El terrorismo que viene

Desde el 15 de agosto de 2005, Occidente está más amenazado que nunca por la red terrorista Al Qaeda. Algunos países europeos peligran, pero no menos que otros tantos que ya han sido atacados como Turquía o Egipto. A este respecto, la vidente Jeane Dixon ya predijo a finales de los años sesenta «conflictos en las naciones europeas», claro que quien parecía dar más en el clavo fue Edgar Cayce, que recomendó en sus profecías «que se prestara gran atención a Libia, Egipto, Turquía, Siria, el Golfo Pérsico y el Sureste Asiático».

Los atentados de Al Qaeda, configurados como una maniobra prácticamente de guerrillas, son multitudinarios y siempre espectaculares. Volar los trenes en Madrid o el metro de Londres, arremeter contra establecimientos hoteleros... Pero todos los expertos en seguridad y los investigadores proféticos esperan hechos todavía más espectaculares. Sin duda uno de ellos sería acabar con la vida del papa, que, por otra parte, y rizando el rizo, desataría un fervor apocalíptico sin precedentes en el que se unirían las profecías de san Malaquías (que vaticinan el fin de la institución papal), con aquellas otras de Nostradamus o Rasputín, que auguran desde el exilio del papa hasta su muerte por asesinato.

Los integristas secuestran al papa

Aunque en el capítulo destinado al análisis de las profecías sobre el fin de la Iglesia tendremos oportunidad de conocer sobradamente las predicciones más escalofriantes, sirva como aperitivo una cuarteta de Nostradamus respecto de un atentado islamista contra el papa. El prestigioso vidente de Solón dejó escrito:

CENTURIA V
CUARTETA XLIV
«Por mar el rojo será capturado por piratas.
La paz estará por ello en peligro:
la ira y la avaricia cometerán por santo acto,
al Gran Pontífice será el ejército doblado.»

Ciertamente el rojo no parece ser el color papal, dado que el sumo oontífice se caracteriza por vestir mayoritariamente de blanco. De hecho el rojo, o el púrpura, sería más un tono cardenalicio. La casualidad ha querido que Benedicto XVI, al diseñar, como es tradición, su nuevo escudo papal (el símbolo que representa al sumo pontífice), haya optado por destacar en el centro y como parte principal del mismo el color rojo.

Otro curioso detalle, y sin pretender ser malpensados, es que en el lateral izquierdo, mirado el escudo de forma frontal, aparece el rostro de un árabe coronado cuyo pendiente en la oreja nos recuerda a cómo antes se nos mostraba a los piratas. Dicho sea de paso, la inclusión de un elemento arábico es bastante normal en la heráldica alemana, pero no deja de ser curioso... ¿Quizá Nostradamus tuvo una visión del escudo papal que le llevó a tan llamativa profecía?

Con respecto al análisis de la Centuria, debemos significar que Nostradamus suele utilizar con cierta frecuencia la expresión «rojo» cuando alude a los cardenales, por tanto, quizá el secuestro, a pesar del fondo del escudo papal de Benedicto XVI, alude en realidad a un cardenal.

El hecho de atribuir el secuestro del papa al integrismo islamista se debe a que en la época de Nostradamus el término «piratas» solía aludir a los corsarios musulmanes del norte de África, que acostumbraban causar estragos en el Mediterráneo.

Un tema sobre el que también debemos prestar atención es el de los efectos que causará la acción terrorista, ya que, como afirma Nostradamus, «desatará la ira». Podemos interpretarlo como acciones militares o incluso como una revuelta popular de la población musulmana de los países europeos.

Atentados en el futuro

Lamentablemente, aunque podemos intuir dónde pueden llevarse a cabo, resulta muy complicado establecer con claridad de qué manera se producirán. Es de suponer que continuarán los de Irak, que Italia padecerá una gran convulsión, que habrá nuevos ataques a Gran Bretaña, y que en aquellos países del mundo árabe donde haya intereses occidentales, el terrorismo se cebará. De entre todas las predicciones, más o menos claras, que aluden al tema, podemos destacar dos de Nostradamus, una de Rasputín y otra especialmente malévola de Jeane Dixon. Veamos como van desenvolviéndose...

El caos se perpetuará en Irak

En agosto de 2005 Irak debía aprobar su constitución. Las principales asperezas que limar para llegar a un acuerdo global entre las diferentes etnias, tribus y los diveros grupos religiosos del país eran el papel de la mujer, la autonomía de ciertos territorios y la religiosidad que tendría el nuevo Estado. Irak, desde su invasión y posterior derrocamiento del poder de Sadam Husseim, es un mortal caldo de cultivo. Cientos de miles de personas, en un goteo imparable, han fallecido fruto de los atentados y la guerra. Los más optimistas piensan que a raíz de la mueva constitución del país, éste volverá a la normalidad. Sin embargo, Rasputín, en su día, no lo tenía nada claro:

«Brotará en la antigua ciudad una flor que tendrá el color de la sangre. Crecerá sobre la planta de la paz. Pero llevará guerra. Tendrá el nombre del amor, pero llevará solamente odio, porque será una flor venenosa... Flor de paz y bienestar, pero bajo la flor se esconderá una generación de ladrones, de profanadores, de energúmenos y de aprovechados.»

Nuevamente podemos vincular la «antigua ciudad» con la milenaria y pretérita cultura que fue Mesopotamia, que en este caso se supone que está en proceso de reconstrucción a raíz de la aprobación de la constitución de lo que será el nuevo Irak.

Tal y como auspicia Rasputín, las cosas no van a ser nada fáciles, ya que todo parece indicar que se está creando un nuevo país sobre los cimientos del odio y la discordia. Por tanto, es de suponer que, tarde o temprano, «la flor» que sería Irak se verá perturbada.

Con referencia a «una generación de ladrones, de profanadores, de energúmenos y de aprovechados», si tenemos en cuenta los intereses que hay creados en torno al nuevo Irak, intereses básicamente petrolíferos auspiciados por industrias tanto europeas como americanas, quizá sí que es factible pensar que tras una apariencia de libertad y normalidad, además de autonomía, lo que habrá en el nuevo Irak en realidad será especulación y descontento, aspectos que seguirán favoreciendo al terrorismo.

Atentados en Europa según Nostradamus

Michelle de Notre Dame dejó una interesante información semivelada en sus Centurias, respecto de posibles atentados o ataques que más o menos coincidirían en el tiempo con el final del papado o bien con algún atentado o ataque a la Santa Sede. Además de la mención que el profeta hace sobre el «rojo atacado por los piratas», hay otra interesante cuarteta que podemos atribuir a la premonición de ataques en Europa:

CENTURIA VI
CUARTETA VII

«Noruega y Dinamarca y la isla Británica,
por los unidos hermanos serán vejados.
El jefe romano salido de Sangre Gala
y los ejércitos a los bosques repelidos.»

En este caso, el profeta lo podría haberlo dicho más alto pero no más claro. Habla de tres naciones, y precisamente dos de ellas figuran en una de las últimas amenazas de Al Qaeda. ¿Qué pasará con Noruega? Fijémonos que otra vez aparecen en escena «los hermanos» que vinculamos a los aliados en la lucha contra el terrorismo. Es como si Estados Unidos y algún otro de sus aliados, que no sería Gran Bretaña, no hubieran prestado la ayuda necesaria a los tres países amenazados o, tal vez, emprendieran una acción en el futuro, como podría ser el ataque a Irán, algo que en agosto de 2005 ya se dejó entrever.

Ahora bien, si hacemos caso a las dos últimas líneas de la cuarteta, vemos que, en principio, este acontecimiento todavía está lejano en el tiempo. El jefe romano, esto es, el papa actual, Benedicto XVI, no tiene sangre gala sino alemana. Si el que será, según Malaquías, el último papa, Pedro el Romano, fuera como ya han apuntado algunos profetas originario de la nación gala, las cosas serían mucho más preocupantes.

La retirada israelí de Gaza

También en agosto del 2005 Ariel Sharon, presidente del estado de Israel, ordenó no sin «un profundo dolor» la salida de los colonos de la Franja de Gaza. Si bien el ejército en un principio se limitó a transmitir las órdenes de evacuación sin realizar intervención alguna, poco a poco la cosa se fue complicando con la aparición de actos de violencia. En el momento de la finalización de este libro (la actualidad, que siempre viaja más deprisa que el papel), se esperaban graves repercusiones por el abandono de Gaza. Hay una cuarteta de Nostradamus que podemos interpretar como una clara alusión a esta migración judía:

CENTURIA VIII
CUARTETA XVII
«Los acomodados súbitamente serán desposeídos,
por los tres hermanos el mundo puesto en trance,
ciudad marina apresarán enemigos,
hambre, fuego, sangre, peste y de todos los males el doble.»

La primera línea de la cuarteta podría referirse a las familias colonas judías que, en algunos casos, tras casi 38 años de vivir en un territorio obtenido tras la llamada «Guerra de los Seis Días», en junio de 1967, fueron obligadas a abandonar la zona. Ciertamente, los «acomodados» fueron súbitamente desposeídos, pese a que el Gobierno de Sharon llegó a entregarles hasta trecientos mil euros por familia como compensación al abandono de sus casas.

En cuanto a las otras tres líneas de la cuarteta, debemos intuir que la segunda sigue aludiendo a un conflicto que iniciaron los tres aliados de las Azores, que por tanto manifiesta el interés de los grupos radicales islámicos en potenciar la aniquilación de Occidente y también de los judíos.

En cuanto a las dos últimas líneas, por el momento imposibles de decodificar, aluden sin duda a una ciudad de Occidente bañada por el mar, en la que un ataque terrorista causará estragos: Nueva York tiene bastantes números.

¿Una mano negra en Estados Unidos?

¿Podemos imaginar una nación democrática, que siendo paladín y estandarte de la libertad, diseñe y organice ataques terroristas, no sólo sobre otros países sino también sobre sí misma…? Los amantes de las teorías de la conspiración aseguran que el primer sorprendido por la caída de las Torres Gemelas no fue Bush, sino Osama Bin Laden, que no había preparado el ataque, ni mucho menos lo esperaba.

Dentro de esta hipótesis de trabajo conspiracionista, se afirma que eliminar a 3.000 personas de un plumazo como acaeció en el atentado del 11-S, era un precio relativamente pequeño a cambio de poder invadir Afganistán, durante años bajo el dominio soviético, e Irak, gran potencia petrolífera. «Cargarle el muerto» a Bin Laden y al terrorismo islámico internacional era tanto como poder actuar libremente en cualquier lugar del mundo sin tener que dar demasiadas explicaciones.

El uso mediático que se hizo de la figura de Bin Laden (por cierto, antiguo colaborador del servicio secreto de Estados Unidos), entrenado concienzudamente por la CIA, sirvió para disponer de un omnipresente enemigo público que daría alas de libertad a los planes geopolíticos estadounidenses.

Lógicamente nos cuesta pensar que un gobierno democrático pueda actuar de forma tan perversa y maquiavélica. Sin embargo, la vidente norteamericana Jean Dixon, famosa por haber predicho la división de la India y Pakistán, el asesinato de Gandhi y el de Kennedy, a finales de los años sesenta ya revelaba:

«Existe un gobierno dentro del Gobierno de Estados Unidos Este grupo triunfará al hacerse con el control del país.»

Dixon vislumbró un tiempo en que un país capitaneado por el Anticristo intentaría dominar el mundo. Se refería a Estados Unidos, y anunció al respecto:

«Su dominio llegará a través de la seducción intelectual de la humanidad, lo que significa una mezcla de política, filosofía y religión. Con sus enseñanzas y propaganda, el profeta hará que la gente no solamente acepte al Anticristo sino que, más bien, lo desee con positivo entusiasmo, y que así llegue a crear las condiciones de su llegada y a participar activamente en la organización del terrible y asolador despotismo de su imperio mundial.»

Según todos los profetas, el Anticristo ya está entre nosotros. Quizá no debamos verlo como un maléfico ser de cornamenta y pezuña, sino como un político embadurnado de moralina que incluso podría andar vestido con traje occidental.

Como apreciaremos posteriormente, Bush y Bin Laden podrían ser, o no, el arquetipo viviente del Anticristo, o tal vez su avanzadilla o estandarte. Aun así no son los únicos líderes del planeta capaces de recibir tal apelativo...

6

La llegada del Anticristo

Se presentará a la humanidad como el supremo
gobernante que ha de acabar con toda guerra sobre la
Tierra. Como el maestro de la nueva y moderna ideología
sobre la vida, que hará que toda la herencia cristiana
parezca anticuada y sin valor; como el «redentor» de todos
los hombres, a los que viene a librar de sus antiguos
temores.

JEAN DIXON, PROFETISA

San Juan nos dice que el Anticristo es un ser maligno que aparecerá antes de la segunda venida de Cristo y que tendrá la misión de seducir a los cristianos para apartarlos del bien, de manera que cuando reaparezca el Mesías ansiado, tenga menos poder o fuerza. Pese a esta conceptualización, el término Anticristo tiene algunas acepciones. En sí sería alguien contrario a la doctrina católica, pero también podría estar vinculado a ella y actuar en contra de todos los principios que marcan los Diez Mandamientos. Otra variante sería la de un ser malévolo, capaz de sembrar el odio y la destrucción, además de la muerte.

Algunas profecías recogen la posibilidad de que el Anticristo, en realidad, sea un líder espiritual a nivel mundial. En este caso es difícil de imaginar un mandatario religioso concreto, pero ¿qué pasaría si un político o un terrorista se apoyase en principios éticos, religiosos o espirituales para llevar a cabo sus acciones?

Otros textos proféticos nos dicen que, en realidad, el Anticristo pertenece a la Iglesia; es más, se hace con ella y propicia falsos milagros. La Biblia nos dice al respecto:

> «Cuidad que nadie os engañe, porque vendrán muchos en mi nombre y dirán: «Yo soy el Mesías». No les creáis porque se levantarán falsos Mesías y falsos profetas y obrarán grandes señales y prodigios para inducir a error.»

¿Oculto en el poder gubernamental?

Si escalofriantes eran las profecías que nos dejaba Jean Dixon en el capítulo anterior, no lo son menos aquellas en las que insiste en que debemos buscar al Anticristo en nuestras inmediaciones «más políticas» y no necesariamente en la curia vaticana:

> «Veo dos características definidas que distinguen al Anticristo: el dominio sobre los hombres, con un gobierno de hierro, y la seducción de sus mentes mediante una falsa ideología y propaganda.»

Hay muchas formas de interpretar la profecía anterior, pero de entrada la vidente alude a la política, porque el Anticristo gobierna a los hombres con mano de hierro. Podría ser un dictador o bien un supuestamente convencido demócrata que disimulara su mano de hierro con lo que Dixon afirma que es una seducción de ideología y propaganda. Otro pasaje es todavía más revelador. Dixon asegura que el Anticristo:

«Tendrá en sus manos poder terrenal, y lo utilizará como instrumento. Todos los tiranos de la historia parecerán niños inocentes en comparación con él... Conquistará toda la Tierra, y la someterá por completo con las armas más modernas. Gobernará este nuevo imperio mundial con la mejor estrategia y gloria militar.»

Sin pretender ser tendenciosos y partiendo de la base de que las profecías de Dixon no aluden a tiempos pasados en los que personajes como Napoleón o Hitler pretendían gobernar el mundo, debemos buscar en nuestros días un personaje político con una capacidad similar. Algunos investigadores de simbología e interpretación profética creen que dicho personaje no es otro que Bush y, ampliando el asunto, tanto el padre como el hijo. Ciertamente es una acusación grave, pero ¿quién está gobernando el mundo? ¿Qué Estado posee fuerzas militares en buena parte de él? ¿Quién dispone del armamento más moderno?

Como afirma Dixon, el Anticristo prometerá «implantar el reino de la justicia sobre la Tierra», lógicamente de su justicia, basada en sus creencias y fines políticos o militares... Recordemos que el padre del actual presidente americano ya anunció un «nuevo orden mundial».

El Anticristo ¿viene de Oriente?

No debemos dejar que las profecías de Dixon nos conduzcan con error hacia un solo personaje... Una cosa es la forma en que ella ve que actúa el Anticristo, y otra a quién relaciona con tal «cargo».

En febrero de 1962 Dixon tuvo una visión: percibió una llanura desolada, un gran desierto marcado por un brillante cielo azulado y un sol muy dorado... «Como saliendo de él vi dos figuras humanas». Dixon percibió lo que para ella eran Nefertiti y su marido Akenaton. Lo curioso es que la mujer portaba en sus brazos un niño que vestía mugrientos harapos.

Siempre según la visión de Jean Dixon, el niño fue depositado en el suelo y la pareja de adultos desaparecieron. La vidente centró toda su atención en el retoño y lo vio crecer hasta convertirse en un hombre sobre el que aparecía una cruz que se expandía...

Tras aquella visión Dixon creyó que había visto el nacimiento del que sería un gran profeta o un líder espiritual, ya que, además, lo observó en actitud de oración y rodeado de muchas personas. Creyó que el niño había nacido en aquel momento en algún lugar de Oriente y que sería conocido a partir de la década de los ochenta y que ya en los noventa actuaría como unificador de las religiones.

¿Es Osama Bin Laden el Anticristo?

Vaya por delante que el popular terrorista internacional no nace en 1962 sino en 1957, pero un error de cálculo lo puede tener cualquiera... La sorpresa de la vidente Jean Dixon respecto de la visión que acabamos de conocer aconteció diez años después, en 1972, cuando tuvo la revelación de que el niño no era un enviado de la divinidad aunque se presentaría al mundo como tal. Había un poder más oscuro tras él.

Dixon vio que el niño salía de su lugar natal en Oriente para ser llevado a Egipto, percibió que en la década de los setenta le ocurría algo muy importante, que en el año 1980 el mundo tendría las primeras noticias de sus portentosas obras, y que en 1981 reuniría su primer grupo de seguidores. Dixon concluye que en torno a 1991 y 1992 será la fecha en que se presentará al mundo de una forma más o menos oficial, y que poco después efectuará numerosos viajes a Estados Unidos, donde será utilizado como un hombre de paz, y

أسامة بن لادن

Osama Bin Laden, icono del terrorismo internacional, es uno de los grandes candidatos a ser el Anticristo.

más tarde, dado que un gran poder político y militar le respaldará, su dominio se extenderá por el mundo entero.

Hace algunos años, los datos que acabamos de conocer nos habrían parecido intrascendentes, pero desde que sucedieron los ataques a las Torres Gemelas, sí tenemos una figura real que casualmente casa bastante con las predicciones de Dixon: Osama Bin Laden. Las fechas y acontecimientos hablan por sí solos:

1. Coincidencia de nacimiento

Osama Bin Laden llega al mundo en Oriente, no en el desierto, pero sí en Arabia Saudita. Se calcula que fue en 1957, por tanto tendría cinco años cuando Dixon tiene la visión.

La vidente y profetisa Jean Dixon auguró la llegada de un Anticristo. Curiosamente sus datos concuerdan bastante con los de Bin Laden.

2. De padres ricos

Aunque no eran ni Nefertiti ni Akenaton, sí provenían de una familia poderosa y rica. Su padre, el jeque Muhamad Bin Ud Bin Laden, era ingeniero y arquitecto, e hizo una gran fortuna en la década de los años veinte.

3. Un niño más

Osama Bin Laden no era un niño especial ni destacado, sino uno más entre un total de 54, ya que el padre de Osama tenía once esposas. Quizá por eso Dixon vio a un niño con harapos como si su visión le dijera que en la infancia no sería un ser trascendente.

4. La relevancia de los años setenta

Ciertamente algo importante, tal como pronostica Jean Dixon, le ocurre a Osama en los setenta: en 1973 termina sus estudios básicos en un colegio de Jidda y abandona a su familia,

Los seguidores de Osama Bin Laden se cuentan por miles. Quizá sea el Anticristo anunciado por Jean Dixon, quién aseguró que Osama tendría muchos adeptos.

puesto que es enviado a Egipto. Por lo tanto cambia de vida, y cada vez tendrá más acceso al integrismo.

5. Llevado a Egipto

Osama, ya en el país del Nilo, país anunciado por Dixon, tuvo la suerte de ser educado en Egipto, en un centro de élite como el Victoria College de Alejandría, donde estudian los hijos de príncipes y jeques de todo el Oriente Medio.

6. Noticias portentosas

Según Dixon, en 1980 el mundo tendría noticias de las portentosas obras de Laden. En 1980 el ejército soviético toma Kabul, y Osama Bin Laden se enrola con las tropas de muyahidines que luchan contra los rusos. Ese mismo año, y con el beneplácito de la CIA, crea una red de financiación para los combatientes afganos. Al parecer, para dicha misión cuenta con el apoyo de instituciones gubernamentales tanto de Arabia Saudita como de Pakistán, además de los estadounidenses. No se tienen noticias de Bin Laden, pero sí de sus obras...

7. La creación de adeptos

A diferencia de lo pronosticado por Dixon, Bin Laden no crea su primer grupo de seguidores en 1981, sino que en 1980 ya lo tiene organizado. Su misión consistía en recoger dinero para financiar la resistencia de los movimientos islamistas contra las tropas de ocupación soviéticas.

En 1980 Bin Laden comienza a reclutar a guerrilleros proafganos estableciendo los primeros campamentos. En esa época es entrenado por la CIA, aprende todo lo necesario respecto de combates sucios, realización de explosivos, encriptación de información y técnicas de disuasión y guerrilla, así como las instrucciones necesarias para crear paraísos fiscales y ocultar el dinero negro.

Osama Bin Laden ha pasado de ser protegido de EE. UU. a un terrorista internacional. Al Qaeda, su particular ejército, que inicialmente se fundó con fondos internacionales, es hoy un peligro global.

No sabemos si, como afirma Dixon al hablar del Anticristo, Osama tuvo que hacer varios viajes a Estados Unidos, pero lo cierto es que sí se relacionaba continuamente con una representación de ese país, personificada en sus servicios secretos.

8. Fundación de Al Qaeda

En 1988 Osama funda Al Qaeda, que en árabe quiere decir «La Base», algo así como un macroarchivo informatizado con información sobre unos 35.000 combatientes procedentes de al menos 40 países. Se trata de muyahidines que fueron instruidos en campos de entrenamiento de Pakistán. Casi todos sus miembros son veteranos de Afganistán, y se cree que el grupo llegó a poseer bases en Argelia, Uzbekistán, Siria, Pakistán, Indonesia, Filipinas, Líbano, Irak, Kosovo, Chechenia, Cisjordania y Gaza.

9. Su presentación al mundo

Dixon dijo que el Anticristo se daría a conocer al mundo entre 1991 y 1992, y en cierta manera de nuevo los acontecimientos cuadran. En 1991, Bin Laden está enfadado. Él ha ofrecido al Gobierno de Arabia Saudita 30.000 hombres para luchar y derrocar a Sadam Hussein que acaba de invadir Kuwait. El Gobierno saudita rechaza su oferta mientras que acepta la llegada de más de 300.000 soldados estadounidenses.

Fruto de éstos y otros problemas, Bin Laden pronuncia un discurso en la mezquita de Riad calificando la presencia de las tropas estadounidenses como una profanación al islam, acusando al rey Fahd y a su familia de corruptores del Corán.

Dos años después, en 1993, el 25 de febrero, se produce el primer atentado contra las torres del World Trade Center, que produce más de mil heridos. Se supone que Al Qaeda y Bin Laden estaban detrás de todo aquello. Esa sí que fue una «buena» presentación al mundo.

¿Tiene dos caras el Anticristo?

Quedémonos con los conceptos de Estados Unidos por un lado, y Bin Laden por el otro. ¿Son dos manifestaciones idénticas de un mismo ser? ¿Podríamos vincular a los Bush, padre e hijo, por una parte, y a Bin Laden, por otra, con el Anticristo?

Si somos malpensados podríamos decir que el mal que se genera desde Estados Unidos a través de George Bush padre (presidente de este país entre 1989 y 1993) con su primera Guerra del Golfo y sus deseos de establecer un Nuevo Orden Mundial, prolongándose con su hijo, también presidente desde el 20 de enero de 2001, y autor de frases como «Nuestra nación se ha defendido y ha luchado por la libertad de la humanidad», tiene su complemento o herramienta de acción en Osama Bin Laden.

Curiosamente aquel que había sido formado por los estadounidenses acabará por rebelarse contra ellos. ¿Curioso o previsto?

Bush padre e hijo. Una profecía de Nostradamus parece hablar de la saga Bush vinculándolos al mal.

Dos cabezas sanguinarias

El profeta Rasputín no deja de sorprendernos en sus vaticinios, ya que cuando se refiere al Anticristo o al mal, lo vincula con dos entidades a las que él llama príncipes sanguinarios, y que parecen representar bastante bien a Oriente y Occidente o, lo que sería lo mismo, el clan Bush y Bin Laden:

> «Dos príncipes sanguinarios tomarán posesión de la Tierra: Wiug vendrá de Oriente y volverá esclavo al hombre con la pobreza; Graiug vendrá de Occidente y volverá esclavo al hombre con la riqueza.»

Si el príncipe denominado Wiu es Bin Laden, ciertamente puede volver a los hombres esclavos con la pobreza. Sólo hace falta ver las oscilaciones bursátiles que se produjeron

George W. Bush, para muchos investigadores de las profecías, es una encarnación del mal. Según Rasputín, él y Bin Laden representan los dos extremos del mal.

tras los atentados del 11-S y el desbarajuste que se genera en los mercados internacionales a través de las guerras y el temor a ataques terroristas.

Por su parte, el otro príncipe, aquel que representa los valores de Occidente, se basa en la economía para la subsistencia, y de hecho uno de los valores que a diario se nos inculcan a través de los medios de comunicación no es la democracia ni la libertad, sino la necesidad de mantener una estabilidad financiera a escala global cueste lo que cueste.

Mientras que para Oriente nuestra visión del mundo amparada en el consumo es fruto de la decadencia, para Occidente la decadencia pasa por el miedo a no poder consumir.

Aun así, Rasputín va más allá y nos advierte de terribles guerras y contiendas:

«Los príncipes se disputarán la tierra y el cielo, y el terreno de la gran batalla será en la tierra de los cuatro demonios. Los dos príncipes serán vencedores y los dos príncipes serán vencidos.»

Afortunadamente, al igual que ya han dicho otros profetas, tras una gran convulsión mundial, vendrá la paz. En este caso parece que ambos príncipes por fin un día serán derrotados, pero mientras tanto cabe preguntarse cuál es la tierra de los cuatro demonios, ¿quizá Mesopotamia?...

Un anticristo apocalíptico

Dejemos por un momento la política. En la primera parte del libro hemos aludido a los peligros teóricamente naturales que se ciernen sobre la humanidad. Los profetas auguran cambios climáticos y desastres meteorológicos, pero uno de ellos, Edgar Cayce, va más allá. El vidente está convencido de que esos cambios son una señal, no sólo del fin de los tiempos sino de la llegada del Anticristo que, recordemos, llegará antes que el nuevo Mesías. Según Cayce, previo al regreso de Cristo ocurrirá lo siguiente:

«Habrá un proceso de cambio mundial. Un cambio en el eje terrestre alrededor del año 2000 ocasionará que la Tierra se rompa en la porción oeste de América, y provocará la inundación de muchas regiones costeras… Japón se hundirá y la inundación de Europa del norte sucederá muy rápidamente… Erupciones volcánicas en regiones tropicales y un incremento de actividad volcánica en el borde del Pacífico… Un calentamiento general en áreas frías, y un enfriamiento de las áreas cálidas del globo.»

Todo parece indicar que el proceso anunciado por Cayce ya ha comenzado. Aunque todavía no hemos padecido un cambio radical en el eje de la Tierra, sí que sabemos que el tsunami de Asia en 2004 lo afectó ligeramente.

Los anticristos de Nostradamus

En lugar de uno, el profeta nos propone tres anticristos, o al menos así lo creen los principales investigadores que atribuyen el papel de los dos primeros a Napoleón y a Hitler. ¿Quién es el tercero? Nostradamus parece decantarse hacia Oriente para marcarnos su tipología. Veamos una selección de profecías al respecto:

CENTURIA VI
CUARTETA C
«Hija del Aura, asilo del malsano,
donde hasta el cielo se ve el anfiteatro:
prodigio visto, tu mal está muy cercano,
serás cautiva, y de veces más de cuatro.»

¿Volar el Vaticano?

Aunque en la cuarteta anterior no se nos describe con claridad al Anticristo, sí que de nuevo parece coincidir con una época compleja para la Iglesia, que quizá conllevaría el fin del papado. Los expertos atribuyen y vinculan a Roma con la «hija de la Aurora» citada por Nostradamus, por tanto, el «asilo del malsano» podría aludir a la existencia en el Vaticano de un papa enfermo o atacado.

Los más pesimistas prevén un grave ataque de Al Qaeda en Roma, más concretamente en el Vaticano. De ser así, si partimos de la base de que el Anticristo viene de Oriente, vemos que Nostradamus nos advierte de la existencia de un poder malévolo que tiene previsto atacar a los altos poderes de la Iglesia.

Según publicó el diario italiano *Corriere della Sera*, los servicios secretos italianos obtuvieron una serie de fotografías de aeropuertos, iglesias y negocios de comida rápida de Roma, que pertenecían al terrorista jordano Abu Musab al Zarqaui, detenido recientemente en Irak y considerado como una de los principales lugartenientes de Al Qaeda, segundo en la red de mando después de Bin Laden.

¿Un anticristo en Estados Unidos?

En la época de Nostradamus no existía Estados Unidos, pero todo parece indicar que el vidente intuyó algo más allá de Europa. En este caso no sabemos quién es el mencionado Anticristo, pero sí que se hará famoso en oriente:

CENTURIA III
CUARTETA XXXV
«De lo más profundo del occidente de Europa,
de gente pobre un joven niño nacerá,
que por su lengua seducirá a las masas,
su fama al reino de Oriente más crecerá.»

¿Qué hay en lo más profundo del occidente de Europa? Si nos centramos en la época de Nostradamus, tan sólo Portugal o Irlanda, puesto que Estados Unidos todavía no se había fundado y el continente americano había sido descubierto hacía unos años. Ahora bien, con el tiempo, las principales potencias europeas de la época, Gran Bretaña, Francia, Portugal y España colonizaron el continente. De hecho, alargaron Europa más hacia occidente. Quizá lo que para el vidente es el occidente de Europa, en realidad se trata de América, y más concretamente de Estados Unidos, que ha sido durante años una «prolongación virtual» de Gran Bretaña.

Tenemos el lugar: en él un niño pobre nacerá. Debemos dejar de lado a la estirpe de los Bush, ya que la suya ha sido una familia bastante acomodada. Quizá Nostradamus alude a un telepredicador que «por su lengua seducirá a las masas». Ahora bien, la pregunta que surge es: ¿qué poder extraño tendrá dicho personaje, como para ser famoso en el reino de Oriente?

Algunos investigadores piensan que la profecía alude a un afroamericano o incluso a algún hijo de emigrantes musulmanes que protagonizará algún episodio relevante, puede que relacionado con el terrorismo islámico. Si hacemos caso a los datos facilitados por los cuerpos de seguridad de Gran Bretaña, los autores de los atentados de julio de 2005 en Londres eran británicos, pese a que su ascendencia era de Pakistán, hecho que, por comparativa, ha provocado que la población islámica estadounidense pase a estar bastante más vigilada que antes.

Un Anticristo sangriento

La visión que nos da el profeta Nostradamus del comportamiento del Anticristo no deja de ser algo bastante normal en nuestros días, en los que nos hemos acostumbrado a presenciar atrocidades de todo tipo por televisión. El profeta nos dice:

CENTURIA X
CUARTETA X
«Montones de asesinados, enormes adulterios,
gran enemigo de todo el género humano,
que será peor que abuelos, tíos y padres.
En hierro, fuego, agua, sanguinario e inhumano».

¿Quién es este personaje? De nuevo aquellos que están a favor de inculpar a la estirpe Bush en su vinculación con el mal piensan que la cuarteta alude a George W. Bush, cuyo comportamiento será más atroz que el de su padre (a quien le debemos la invasión de Panamá y la primera Guerra del Golfo), y que el de su abuelo, de quien se han llegado a contar cruentas historias.

La orden de las Calaveras y los Huesos

Aceptemos o no la leyenda negra de los Bush, la verdad es que a todos ellos se les vincula con una extraña sociedad secreta denominada Skull & Bones o, si se prefiere, la Sociedad de las Calaveras y los Huesos, que, al parecer, se fundó en torno a 1833 y cuyo objeto sería el de mantener en contacto a la élite de la sociedad americana con fines políticos.

Muchos miembros de esta sociedad secreta han sido denunciados por llevar a cabo crímenes relacionados con el tráfico de órganos, el narcotráfico e incluso la conspiración política.

En sus inicios, la sociedad estaba formada por un reducido grupo de influyentes personajes que estaban vinculados a la industria y la política, y que pretendían formar a sus hijos en un sistema educativo selecto y que excluía a los que no mantenían la filosofía de la orden.

Los amantes de las teorías de la conspiración aseguran que el actual presidente estadounidense, su padre y el abuelo pertenecieron a esa sociedad secreta, pero yendo más allá, se ha llegado a afirmar que Prescott Bush, senador y abuelo del actual presidente, profanó en 1918, junto a otros miembros de la orden, el sepulcro del jefe indio Jerónimo, regando con ácido los restos de la cabeza y la cabellera del difunto.

Si todo lo visto ha sido el caldo de cultivo educativo en el que ha bebido George W. Bush, de quien se afirma que ingresó en la orden a los doce años, no debería extrañarnos que algunos lo vean como una perfecta representación del mal, peor incluso que, como dice la cuarteta de Nostradamus, «abuelos, tíos y padres».

7

Las guerras que vienen

Tras la caída de las Torres Gemelas no faltó quien, raudo y veloz, comenzase a hablar del estallido de la Tercera Guerra Mundial. Años después, después de los atentados de Londres, de nuevo el concepto guerra mundial parece tener más sentido que nunca. Por el momento, al menos de forma oficial, todavía no la estamos viviendo, pese a que profetas como Nostradamus no sólo anunciaron la tercera, sino también una cuarta.

Los expertos en geopolítica parecen resistirse a la nomenclatura de contienda global, ya que en realidad la lucha actual contra el terrorismo no es entre países. Los terroristas pueden estar en cualquier lugar y actúan al más puro estilo de guerra de guerrillas, atacando allí donde es más fácil o donde puede ser más espectacular. Por otro lado, no hay unos escenarios claros pese a que son muchos los factibles en el continente europeo, en Asia e incluso en América; la primera vez que Estados Unidos fue atacado en su territorio fue a raíz de los atentados del World Trade Center. Así las cosas, ¿qué nos espera?

¿Profecía del 11-S?

No hay fechas ni tampoco una descripción clara de las Torres Gemelas, pero en 1904 una vidente, Ellen G. White, tuvo dos visiones sobre el futuro de Nueva York: en una de ellas apreciaba cómo se alzaban altos edificios hasta que de pronto los más altos se incendiaban y eran consumidos por el fuego como si fueran teas. En este sentido dejó escrito:

> «Una palabra del Señor y esas estructuras caerán a pedazos y quedarán borradas de la faz de la Tierra.»

La Tercera Guerra Mundial según Merlín

Recordemos por un momento que Nostradamus, en varias de las cuartetas que hemos analizado, nos habla de tres hermanas e incluso de hermanos, que pueden ser interpretados

De izquierda a derecha, Blair, Bush y Aznar, popularmente denominado el Trío de las Azores, las «tres Hermanas» para Nostradamus.

como los aliados iniciales que conformaron el llamado Trío de las Azores. Pues bien, Merlín en sus profecías parece insistir sobre el tema:

«El mundo será un césped. Y en el césped tres muchachas jugarán. Pero bajo la tierra yo veo el fuego. Y cuando una de las tres muchachas lance la piedra, las tres muchachas serán alcanzadas.»

Desde luego el mundo no es ni mucho menos un césped, ahora bien, si Merlín se refiere al mundo en el que juegan las tres muchachas, debemos imaginar un paraje como el de las Azores. Sólo hace falta ver en foto satélite para darnos cuenta de que pese a ser unas islas de origen volcánico, poseen una cierta frondosidad.

Partiendo de la base anterior, volvamos a las tres muchachas: ¿tres mujeres o tres naciones? Desde luego quienes «jugaron» en las Azores con los destinos del mundo no fueron damas, sino Bush, Blair y Aznar, pero sí que representaban a tres naciones.

Otro aspecto que resaltar es que la conversación de las Azores era, teóricamente, para buscar la paz, sin embargo, se salió de allí con un amenazador ultimátum; quizás ese sea el fuego que Merlín ve bajo la tierra. Otra interpretación sería que el fuego que hay bajo la tierra alude a los componentes volcánicos de las islas.

La última frase de la predicción no es menos elocuente. Si la piedra a la que cita Merlín es un ataque, las tres naciones participaron en él y las tres han terminado por ser atacadas, pese a que Estados Unidos sufrió los atentados islámicos antes de la guerra de Irak. Quizá por ello debemos esperar un nuevo atentado en aquel país para que se cumpla el texto de que «las tres muchachas serán alcanzadas». Sea como fuere, parece que Merlín parte de la base de que aquella reunión en las Azores es el desencadenante de un conflicto a gran escala, incluso mundial.

En las profecías que realizó Merlín se vaticina la destrucción total de Londres.

La predicción bélica de Buda

Buda no habló directamente de una guerra mundial, aunque sí hizo referencia a una gran contienda antes de la llegada de un nuevo Buda que, según predijo, llegaría a la India procedente del oeste:

> «Primero, sobrevendrá una guerra sin precedentes entre todas las naciones... Los hombres dejarán de comprenderse y olvidarán el significado de la palabra maestro. Pero precisamente entonces aparecerán los maestros y dejarán oír sus voces en todas las partes del mundo...»

Este texto profético, que prácticamente puede adjudicarse a cualquier tiempo, incluso al actual, tiene cierta similitud con otros textos que de una forma más o menos clásica presagian un gran apocalipsis precedido de una feroz contienda.

Nostradamus y la Tercera Guerra Mundial

El profeta francés no es claro en sus cuartetas, pero hay alguna en la que lo turbio parece destacar más que en otras. Los investigadores sobre la obra del visionario no terminan por ponerse de acuerdo, aunque la mayoría opina que en los textos que veremos seguidamente se dan algunos detalles sobre la Tercera Guerra Mundial:

> **CENTURIA I**
> **CUARTETA LXIII**
> «Las flores pasadas disminuido el mundo,
> largo tiempo la paz tierras inhabitadas.
> Hermana marchará por Cielo, tierra y onda.
> Luego de nuevo las guerras suscitadas.»

En su texto Nostradamus alude a un tiempo bastante parecido al presente, ya que nos dice que el mundo ha disminuido. Realmente los sistemas de locomoción a nuestro alcance y los medios de comunicación, así como Internet, han conseguido que nuestro planeta sea pequeño. Pero fijémonos que Nostradamus va más allá y que nos anuncia con siglos de anticipación que tendremos la capacidad de viajar incluso por el aire, marchando, como él dice, por el cielo.

Lo peor de todo llega con la última línea de la cuarteta, cuando el profeta presagia que de nuevo se vivirán guerras, contiendas que acontecerán en una época como la actual. Para muchos investigadores, el hecho de que el profeta no hable de un conflicto concreto o de una batalla sino que emplee la terminología de «guerras» es la señal de que se está anunciando una gran confrontación que afectará al mundo entero.

Y luego, una Cuarta Guerra Mundial

El profeta nos augura una época de relativa calma y paz tras la tercera gran contienda o lucha en el mundo. Sin embargo, prevé que las cosas vuelvan a alterarse generándose una terrible y devastadora cuarta guerra:

CENTURIA X
CUARTETA LXXXIX
«De ladrillo a mármol serán todos los muros reducidos.
Siete y cincuenta años pacíficos.
Alegría a los humanos, renovado el acueducto.
Salud, grandes frutos, alegría y tiempos maléficos.»

Nostradamus nos cuenta que tras un largo periodo de contiendas la humanidad vive feliz y en paz, quizá reconstruyendo «de ladrillo a mármol» las ciudades que otra gran guerra, la tercera, destruyó. Este tiempo de paz está cifrado por el vidente en un total de 57 años, en los que la humanidad vivirá un cierto esplendor. Sin embargo, como acaba diciendo en su cuarteta, de nuevo se acercarán tiempos maléficos.

En otra cuarteta (por cierto bastante alejada de la citada con anterioridad, aunque los textos de Nostradamus no son correlativos), el profeta prevé una gran desgracia bélica que los investigadores de la obra de Nostradamus han datado como la Cuarta Guerra Mundial:

CENTURIA VI
CUARTETA LXXXI

«Llanto, gritos, lamentos, alaridos, terror.
Corazón inhumano, cruel, negro y transido:
Leman, las Islas, de Génova los mayores,
sangre derramada, frío, hambre, para nadie perdón.»

La interpretación no deja lugar a dudas. Las desgracias caen sobre el ser humano y, aunque cita algunas poblaciones, sentencia indicando que no habrá perdón para nadie. ¿Será éste el último y definitivo apocalipsis?

Las guerras mundiales de Mario Sábato

No sólo Nostradamus o las profecías de Merlín aluden a una gran confrontación entre naciones o al menos extendida por todo el mundo.

El vidente francés Mario Sábato cita en sus profecías un futuro protagonizado por terribles guerras mundiales. Sábato augura que, tras las guerras, «París se convertirá en la capital de Europa; Brasil, en el líder de una Suramérica unida, y Centroamérica quedará como parte de Estados Unidos».

Sábato indica que las contiendas mundiales se producirán sin remisión, pero que antes de que sucedan habrá una serie de acontecimientos globales que serán el anuncio del cambio definitivo. Entre esos acontecimientos los más destacables son:

- **Graves crisis políticas en Europa**

Según el profeta, se vivirá una gran desestabilización política y social en Turquía que generará graves problemas en el resto del continente europeo.

- **Guerras en Pakistán**

El vidente cree que habrá problemas sociales y políticos muy graves. Lo cierto es que el país asiático está en perpetuo litigio con la India, con armamento atómico de por medio.

- **Alteraciones en Corea**

Sábato no precisa de qué tipo será la inestabilidad, pero lo cierto es que Corea es otro de los países que, según Estados Unidos, está en el llamado «eje del mal». Una nación que ha sido señalada como candidata a fabricar armas de destrucción masiva.

- **Invasión china**

Sábato cree que llegará un día en que China deseará expandirse y comenzará a hacerlo por Rusia, terminando por llegar al corazón de Europa. Según Sábato, la gesta de China provocará una gran contienda mundial en la que Europa, Rusia y Estados Unidos se aliarán para luchar contra el gigante amarillo.

Más conflictos en Israel

Con el desalojo de Gaza no parece terminar el problema entre Israel y Palestina. Al contrario, mientras que los judíos piensan asentarse con más fuerza en Cisjordania e incluso ampliar las zonas colonizadas en aquellas tierras, los palestinos creen que será la zona que deba liberarse tras Gaza.

Para Nostradamus, el conflicto entre Israel y Palestina va para largo y puede convertirse en algo mucho más cruento de lo conocido hasta el momento:

CENTURIA VIII
CUARTETA XCVI
«La Sinagoga estéril sin ningún fruto
será recibida y entre los infieles
de Babilonia la hija del perseguido.
Miseria y tristeza le cortarán las alas.»

Gaza ha sido vaciada. La zona pertenece a la Autoridad Palestina, incluidas sus sinagogas, que se han convertido en estériles al no ser regidas por rabinos. Los infieles, los palestinos, penetran ya en las tierras que durante décadas han ocupado los judíos. Por el momento, las dos primeras líneas de la profecía parecen estar bastante claras, pero el conflicto va más allá.

El profeta prevé un ataque lanzado desde Babilonia o, si se prefiere, desde Irak. Durante la primera Guerra del Golfo se realizaron ataques contra Israel, pero en aquel momento la sinagoga todavía no era estéril, la tierra no había sido liberada. Cabe plantearse pues que de nuevo Israel padezca algún ataque, en este caso quizá del terrorismo internacional o de la llamada insurgencia iraquí.

La guerra contra Irán

El país islámico está amenazado. Para Bush forma parte de su llamado «eje del mal», y desde el verano de 2005 los mandatarios iraníes han comunicado su firme decisión de llevar adelante su programa nuclear. Pese a que el ayatola Alí Jameini ha dejado claro que su país no tiene interés en poseer armas atómicas, Estados Unidos no se lo cree.

La situación estratégica actual difiere bastante de la de años atrás. Irán está rodeado. Estados Unidos posee tropas en Afganistán, Irak, Kuwait, Arabia Saudita y Turquía. Mantiene una estrecha línea de colaboración con Pakistán, y todos los países mencionados rodean a Irán. De hecho, ya ha advertido que no descarta una confrontación, aunque también es cierto que Bush afirmó que «antes de recurrir a la fuerza, Estados Unidos está actuando intensamente en el plano diplomático para lograr que Irán se eche atrás». ¿Qué ocurrirá si no lo hace? Nostradamus nos advierte:

CENTURIA VIII
CUARTETA LXX
«Entrará villano, amenazador infame,
tiranizando la Mesopotamia.
Todos amigos de adúltera dama,
tierra horrible negra fisonomía.»

¿Quién es el villano infame que entra en Mesopotamia? Muchos han visto en este sentido a algún militar o mandatario occidental. De hecho alude a alguien que entra en Mesopotamia y no que pertenece a dicha tierra. La tiraniza y actúa como un dictador.

Una buena pregunta es qué considera Nostradamus como «una adúltera dama»: ¿una nación que es infiel con sus aliadas? ¿Entenderíamos como infidelidad lo que Estados Unidos realizó con los mercenarios que formó Osama Bin Laden? ¿Es infidelidad apoyar una lucha en Afganistán para echar del país a los soviéticos y después invadir el país para eliminar al nuevo Gobierno? ¿Entenderíamos que Estados Unidos es una dama infiel por apoyar a Sadam Hussein cuando su país luchó contra Irán, y después organizar dos guerras contra él y finalmente derrocarlo?

Si la nación que comete la infidelidad fuera de las fronteras estadounidenses ciertamente en la actualidad todos los países que rodean a Irán son, más o menos, «amigos de la adúltera dama»… No obstante, vayamos más lejos, cuando se desata la gran contienda:

Durante años se vinculó a Sadam Hussein con la personificación del Anticristo anunciado por las profecías.

CENTURIA V
CUARTETA XXV

«El Príncipe Árabe Marte, Sol, Venus, León,
reino de Iglesia por mar sucumbirá,
hacia Persia bien cerca de un millón,
Bizancio, Egipto, hacia septiembre invadir.»

Desconocemos quién es el príncipe árabe. Nostradamus lo vincula con Marte, el dios de la guerra; con el Sol, el poder luminoso de la acción; con Venus, la capacidad de la seducción, y con el León, la fuerza y el vigor. Por tanto, entendemos que un gran líder del mundo árabe emprende una batalla y que todo ello sucede cuando según Nostradamus sucumbe el reino de la Iglesia por mar. Recordemos la profecía de los piratas atacando al papa.

El profeta augura que cerca de un millón de personas, entendemos que un ejército, marchan hacia Persia. Si consideramos que para la Guerra del Golfo se movilizaron unos 300.000 militares, la futura guerra implicará algo todavía mucho peor que, además de afectar a Persia (Irak-Irán) sal-

La Guerra del Golfo es uno de los supuestos desencadenantes del terrorismo internacional.

picará a Egipto y afectará incluso a Turquía, ya que la actual Bizancio no es sino Estambul.

La guerra mundial contra China

Muchos investigadores de los contenidos proféticos llevan años advirtiendo que en lugar de prestar tanta atención al mundo árabe, es preciso interesarse por China, ya que el gran peligro puede venir desde el lejano país de Oriente, donde se podría desencadenar una gran lucha capaz de ser un verdadero apocalipsis. Una guerra como pocas en la que no sólo China, sino que Rusia, Europa y América se verían afectadas. En el *Apocalipsis* se nos dice:

«Y fueron sueltos los cuatro ángeles, que estaban preparados para la hora, y para el día, y para el mes, y para el año, a fin de que diesen muerte a la tercera parte de los hombres. El número de los del ejército de caballería era de dos miríadas de miríadas; yo oí su número. Asimismo, vi en la visión los caballos y los que cabalgaban sobre ellos, que tenían corazas color de fuego, y de jacinto, y de azufre; y las cabezas de los caballos eran como cabezas de leones, y de su boca salía fuego y humo y azufre. Con las tres plagas pereció la tercera parte de los hombres, a saber, por el fuego y por el humo y por el azufre que salía de su boca.»

De entrada, vaya por delante que dos miríadas de miríadas es una cantidad enorme e indefinida que los expertos vinculan a dos millones de hombres. Un ejército de dichas proporciones sí que es apocalíptico. Lo más relevante del ejército que se cita en el texto es el color: «corazas de color fuego, y de jacinto y de azufre», que en este caso es tanto como decir tonos rojos, como el de la bandera china; azul, como el que identifica a las tropas internacionales de la ONU; y amarillo, tonalidad que junto a las otras dos predominó durante siglos en las vestimentas de los mongoles.

En los ejércitos actuales la caballería no existe como tal, sino que reciben dicho nombre los cuerpos de combate integrados por tanques de cuya boca, ciertamente como dice el *Apocalipsis,* sale fuego.

Los profetas y China

Aunque el *Apocalipsis* hace referencia a una gran guerra, no aparece en ella el nombre de China, país que sí es citado expresamente por la mayoría de los profetas y videntes:

- **Criswell:** vidente y profeta que hemos conocido profetizando el hundimiento de parte de la costa americana, aseguró que había tenido una visión en la que chinos y coreanos luchaban unidos en Alaska.

- **Francesca de Billiante**: la suya es una predicción en la que vincula una asociación entre chinos y árabes: «Veo a guerreros amarillos y guerreros rojos lanzados contra el resto del mundo». Para ella, como fruto de dicha confrontación Europa quedará prácticamente exterminada.
- **Jeanne Dixon**: afirmó que en el futuro dos aparentes enemigos como son Estados Unidos y Rusia deberían aliarse para luchar contra el enemigo común que sería China. Dixon, yendo más allá, indicó que se usarían armas químicas, y que en la contienda también participarían diversos países del continente africano.
- **Jon Pendragon:** vidente británico, tuvo una revelación en la que observó que China invadía Tailandia, Malasia, Indonesia, Nueva Guinea y Australia. En esa contienda intervenía Estados Unidos aliado con la India, Japón y Rusia.

8

El final del papado

Cuando empiece el año 1000 que sigue al año 1000...
Los hombres ya no confiarán en la ley de Dios, sino
que querrán guiar su vida como a una montura; querrán
elegir a los hijos en el vientre de sus mujeres, y matarán a
aquellos que no deseen. Pero ¿qué será de estos hombres
que se creen Dios?
Cuando empiece el año 1000 que sigue al año 1000...
Todos sabrán lo que ocurre en todos los lugares de la
Tierra; se verá al niño cuyos huesos están marcados en la
piel y el que tiene los ojos cubiertos de moscas...

JUAN DE JERUSALÉN, SIGLO XI

La profecía que encabeza este capítulo fue encontrada en
1941 en una sinagoga de Varsovia por las SS. Su autor, Juan
de Jerusalén, escribió muchas otras que ahora no vienen al
caso, pero, al igual que la citada, nos ponen los pelos de
punta por la claridad con que manifiestan hechos que están

sucediendo. Se cree que en estos textos se inspiraría Nostradamus, siglos después, para realizar sus Centurias y que, a diferencia de lo escrito por Juan de Jerusalén, Nostradamus (llamado también el profeta de Solón), encriptó algunos datos para que no fueran tan cruentos.

Juan de Jerusalén deja bastante claro que en nuestros días el concepto occidental y cristiano de Dios cada vez tiene menos sentido. Aunque en sus textos no alude directamente al fin del papado, ni menciona a sumo pontífice alguno, sí que deja entrever el próximo fin del estamento religioso.

Benedicto XVI, el penúltimo papa

Nostradamus lo secuestra a manos de piratas. San Malaquías lo anuncia como la «gloria del olivo» y lo vincula a la posterior llegada de Pedro el Romano, el último papa. El profeta Heinrich Heine alude a él como «quien rompe el freno de la cruz del cristiano en Alemania», y lo vincula al «renacer de los dioses paganos y al acecho del martillo de Thor». Merlín habla de un «tropiezo papal y de una posterior caída del gran apóstol». Nostradamus, de nuevo, «cubre el sepulcro con sangre» y Rasputín, aludiendo al fin de la institución papal, augura un «río de sangre en Roma». Si pese a todas estas profecías, y aquellas que supuestamente se guardan con celo en los archivos secretos vaticanos, Benedicto XVI duerme plácidamente en su cama, es que ha perdido la fe.

Ratzinger, la sorpresa alemana

A la muerte de Juan Pablo II se especulaba con la posibilidad de elegir a un papa de tránsito, esto es, alguien que no durase demasiado tiempo, que no efectuase cambios radicales en la Iglesia y que, en cierta forma, fuera de una línea continuista. Ratzinger, conocido como el Gran Inquisidor, no sólo fue

Según las profecías de San Malaquías, Benedicto XVI podría ser el penúltimo papa antes del fin de la Iglesia.

uno de los grandes maestros de ceremonia durante el cóncla-ve en el que fue elegido, sino que además trabajó estrecha-mente vinculado al anterior papa.

En el cónclave se especuló bastante sobre la posibilidad de la elección de un papa sudamericano, como habría sido el caso del cardenal Madariaga. Por supuesto, los grandes can-didatos eran los italianos e incluso un francés, de manera que se veía la presencia del hondureño como algo en exceso progresista y moderno. Pero dentro de la línea continuista Ratzinger no tenía muchos números.

Pese a todo se produjo la sorpresa y después de 500 años, entró en escena un papa que, además de proceder de un país marcadamente protestante, es alemán. Es evidente que esto implica una nueva forma de ver las cosas que, sorprendentemente, ya contempló en 1840 el profeta alemán (y, para más inri, judío) Heinrich Heine, que dejó escrito al respecto:

«Cuando se rompa el freno de la cruz del cristianismo en Alemania, otra cruz reinará la furia de los antiguos guerreros. La furia hostil de que hablan los poetas nórdicos resurgirá de nuevo.»

¿Qué se puede entender cómo «romperse el freno de la cruz»? Los analistas consideran que la llegada al poder de un papa alemán, originario de un país protestante, es la mejor forma de romper el freno simbólico que la cruz cristiana ha tenido en los últimos siglos en Alemania. Curiosamente, el primer viaje oficial de Benedicto XVI fue a Alemania, donde condenó el nazismo y el holocausto judío en una celebración llevada a cabo en una sinagoga judía en día de *sabath*.

Si hacemos caso a esta profecía, la elección de Benedicto XVI no fue algo tan sorprendente ni especial. Claro que ¿cuáles pueden ser sus resultados? Algunos investigadores

En las profecías de Nostradamus se nos habla de un papa rojo, significativamente ése es el color más relevante del escudo del actual papa Benedicto XVI.

creen que el actual papa, pese a sus gestos, posee poco carisma y prácticamente nula capacidad de convicción para con otras culturas o cultos. Sus detractores indican que «la mano de hierro» con que hasta la fecha desarrolló sus actividades, de poco le servirá al nuevo papa, que puede incluso provocar que mengüe el poder de la Iglesia frente a otras confesiones.

El resurgir del paganismo

Aunque Benedicto XVI ha visitado Alemania, dando un empuje al cristianismo de la zona e intentando una gran conciliación con los judíos, las profecías advierten de que los pueblos del norte de Europa, las antiguas religiones, renacen de sus cenizas. Heinrich Heine, tras anunciar el fin del «freno para la cruz» nos dice:

«Los viejos dioses de piedra se levantarán de las ruinas limpiándose de los ojos el polvo de mil años. Thor, con su mazo gigantesco, se levantará y aplastará las catedrales góticas, y cuando eso ocurra, será algo nunca antes visto en la historia.»

Con la expansión del nazismo se creyó que se estaba produciendo un resurgir de los antiguos dioses teutónicos. E incluso se habló de que Hitler era, en realidad, el que portaba el destructor martillo de Thor. Pero el nazismo no terminó con la Iglesia católica, al contrario. Parece ser que a veces contó con su silencio y en otras ocasiones con su colaboración. Las catedrales góticas no fueron aplastadas, las sinagogas sí.

La mentada profecía quizá todavía está por acaecer. No sabemos quiénes elevarán de nuevo el martillo de Thor, ni qué grupo o culto religioso arremeterá contra la Iglesia, no obstante, esto podría suceder bajo el mandato de Ratzinger.

Ocurra lo que ocurra, debemos tener presente que Thor es el dios de la guerra, por extensión se asocia al trueno, y sus acciones siembre son devastadoras. De hecho, Thor, al igual que Changó en la mitología del sincretismo religioso Yoruba, es el dios del fuego. La devastación forestal por incendios ha protagonizado la actualidad en el continente europeo y Oceanía, en el último año. ¿Es una señal que considerar?

Sufrimiento en el exilio

En las profecías de Merlín se determina que cuando el fin del mundo esté cercano, el papa y los cardenales no tendrán más remedio que huir de Roma y dirigirse hacia un lugar en el que puedan gobernar con una cierta discreción. Merlín dice:

«Él morirá de una manera cruel, con sufrimiento y en el exilio.»

Si se tiene en cuenta que muchos profetas afirman que el penúltimo papa tendrá una vida desgraciada y que posiblemente deberá abandonar Roma, y si partimos de la base de que Benedicto XVI podría ser este penúltimo papa, cruento es el futuro que le espera.

Por el momento Ratzinger no ha tropezado en su mandato tal cual anunció Merlín, aunque no sabemos si a la institución católica le ha gustado mucho su actitud para con los judíos, en su primer viaje internacional. Claro que si nos ceñimos puramente al texto profético de Merlín, no es Ratzinger quien tropieza sino Berlusconi:

«El país de Italia tropezará. Se llama romana. Y una gran parte será acabada por el apóstol. Habrá un papa que no osará mirar a Roma… Hará sufrir a nuestro Señor tal vergüenza que no se podrá aparejar. Y entonces será cuando los romanos sabrán que empieza su destrucción, como castigo de sus pecados.»

Italia está amenazada de muerte por el integrismo isla-mista. Pese a que Berlusconi solapadamente dejó entrever que retiraría el apoyo militar a Estados Unidos en Irak, ello no ha ocurrido. Ya hemos citado que las fuerzas de seguridad italianas obtuvieron, tras una incautación, planes de posibles atentados terroristas contra Roma que estaban en posesión de uno de los lugartenientes de Bin Laden.

Quizás el tropiezo al que alude Merlín en su profecía sea el que comete Berlusconi al no cumplir su palabra de retirar sus tropas de Irak.

Quizás esta falta signifique un gran atentado contra el Vaticano, con cuya posibilidad se especula cada vez con más frecuencia. Fruto de esas situaciones, puede ser plausible que la Iglesia no tenga más remedio, aunque sea temporalmente, que vivir algo parecido a un exilio.

Profanación de la tumba del papa

Si vinculamos la profecía de Merlín con la que veremos seguidamente y que fue escrita por Nostradamus, observamos que Benedicto XVI realmente puede sentirse no sólo avergonzado, sino un tanto acongojado por ciertos atentados o ataques terroristas.

Nostradamus, al igual que quien nos vaticinaba el resurgimiento de lo pagano y por extensión de la furia de Thor, alude a nuevas creencias que atacan a la Iglesia:

CENTURIA VI
CUARTETA LXVI
«En el fundamento de la nueva secta,
estarán los huesos del gran romano encontrados,
sepulcro en mármol aparecerá cubierto,
tierra tiembla en abril, mal desaparecido.»

Desconocemos cuál es la nueva secta. El Corán explica que la yihad puede llevarse a cabo verbalmente mediante el diálogo y la diplomacia, y no necesariamente a través de la acción violenta. Los modernos muyahidines, desoyendo dichas indicaciones, se han convertido poco menos que en una secta dentro de un fundamento.

Quizá sean ellos los protagonistas de esta cuarteta en la que se nos dice que algo sucede con la tumba de un papa, «los huesos del gran romano encontrados». Tal vez la cuarteta nos esté hablando de una profanación del sepulcro papal, ya que, en cualquier caso, en la última línea se menciona que la tierra tiembla.

El último papa

En el año 1139 Malaquías, monje irlandés declarado santo, acudió a Roma dejando un listado de 113 descripciones o títulos que aludían a cada uno de los papas que gobernarían a partir de su época.

Se calcula que san Malaquías tiene un grado de acierto o fiabilidad del 75 por ciento. Así lo han verificado los investigadores de las profecías del santo, claro que vincular pasajes, nombres y definiciones a toro pasado siempre es fácil.

Teóricamente, siempre según el mencionado listado de Malaquías, sólo quedan dos papas. Se dijo que Juan Pablo II cuadraba bastante bien con el título de «de labore Solis», que significaría algo así como «el sol laborioso». Considerando que el Sol sale por el este y que Juan Pablo II fue el primero en proceder de un país del Este, Polonia, la cosa empieza a ajustarse.

Otro aspecto interesante de acierto lo tenemos en aquellos que interpretan el título facilitado por san Malaquías como «un eclipse de sol».

Curiosamente, se produjo tal fenómeno el día del nacimiento de Juan Pablo II, quien sin duda fue un pontífice que trabajó de sol a sol durante los veinticinco años de mandato y hasta sus últimos días.

La gloria del olivo

Tras la muerte de Juan Pablo II existía un cierto temor. La lista facilitada por san Malaquías sólo ofrecía dos lemas: «gloria olivae» y «Petrus romanus». Estas dos menciones se corresponderían con el penúltimo y último papa de la Iglesia católica. Partiendo de la base de que es el papa recién escogido quien adopta y elige de forma voluntaria su nuevo nombre, si Ratzinger hubiera elegido el de Pedro no sólo habría terminado con el mito de las profecías de Malaquías, ya que nos faltaría un papa, sino que habría ostentado un exceso de orgullo por su parte, al tomar el mismo nombre que el fundador de la Iglesia.

Aun así, el destino es caprichoso y Ratzinger, conscientemente o no, cumple con la profecía de san Malaquías, convirtiéndose en la «gloria del olivo» o «gloria olivae».

La rama de olivo no figura en el escudo papal, pero los olivos están directamente relacionados con la orden de los benedictinos. Ratzinger tomó el nombre de Benedicto XVI, en honor del papa Benedicto XV, conocido como el papa de la paz. Que se sepa, Ratzinger no es benedictino, pero curiosamente esta orden es conocida también como «Orden olivetana» ya que su fundador, san Benedicto, adoptó el olivo como su símbolo.

Petrus el Romano

Se supone que será el último papa, y si el actual Benedicto XVI es la «gloria del olivo», el próximo, adopte o no el nombre de Pedro, siempre según los textos proféticos, terminará con la Iglesia.

San Malaquías dijo que cuando llegue la extrema persecución contra la Iglesia se sentará en el trono de Roma un hombre que apacentará a su rebaño con grandes tribulaciones. De la mano de Nostradamus, veamos algunas de las advertencias acerca de los sucesos que pueden cernirse sobre el futuro prelado. Se trata de tres cuartetas que advierten de «una elección extraña, un posible secuestro y un atentado definitivo».

CENTURIA X
CUARTETA XII
«Elegido como papa, de elegido será burlado,
súbitamente con frecuencia emocionado, dispuesto y tímido.
Por demasiada bondad a morir provocado,
temor oprime la noche de su muerte guía.»

Nostradamus indica una dicotomía entre la curia y la acción papal. Cuando nos advierte que el Sumo Pontífice escogido es burlado, parece significar que alguien está manejando los hilos de su poder. Aunque la cuarteta aparentemente se refiere al último papa, el actual parece dispuesto y se nos antoja bastante tímido.

Las dos últimas líneas del texto de la cuarteta que nos ocupa presagian que el fin del Sumo Pontífice acontecerá de noche y que será su inocencia, a la que Nostradamus califica como «demasiada bondad», la que le llevará a la muerte.

En cuanto al secuestro y atentado del último papa, lo descubrimos en las dos cuartetas siguientes:

CENTURIA V
CUARTETA XV
«Navegando cautivo hecho sumo pontífice,
grande tras caer los clérigos tumultuosos:
segundo elegido ausente su bien trastocado
su favorito bastardo a muerte matado.»

CENTURIA X
CUARTETA XCVII
«Romano Pontífice guárdate de acercarte,
de la ciudad que dos ríos bañan,
tu sangre irá cerca de allí a ser esculpida,
tú y los tuyos cuando florezca la rosa.»

La primera cuarteta nuevamente anuncia un secuestro en el mar, que quizá provocaría, aparte de grandes tumultos, la forzosa elección de un nuevo papa. De ahí la mención de Nostradamus de «un segundo elegido» que verá cómo un estrecho colaborador, «su favorito bastardo», muere asesinado.

En la última profecía, que es una de las clásicas y que ya saltó a la palestra en el atentado padecido por Juan Pablo II, se anuncia que en «una ciudad bañada por dos río el Sumo Pontífice será asesinado». Si éste es Pedro el Romano, con él acabaría el papado según las indicaciones de san Malaquías.

En torno a las turbulencias que tendrá que vivir la Iglesia en los tiempos del fin, el visionario Rasputín advierte en una de sus profecías algo que ya hemos visto comentado por otro profeta, respecto de la profanación de una tumba papal. Rasputín dice:

«La sangre correrá por los ríos de la Roma de los papas. El pueblo saldrá a las plazas cegado por un odio

Los investigadores de las profecías creen que el atentado padecido por Juan Pablo II había sido anunciado por Nostradamus.

incubado de tanto tiempo y, sobre las espadas sucias de sangre, veréis las cabezas de los políticos, de los nobles y del clero.»

Rasputín prevé una gran revuelta que al parecer lleva largo tiempo gestándose y conteniéndose. No parece tratarse de un simple atentado al más puro estilo terrorista, ya que en este caso es el pueblo, la ciudadanía, la que arremete, además de contra el clero, contra los poderes del Estado. En estas circunstancias, el que sale peor parado es el estamento papal:

> «El cuerpo de un hombre venerado será arrastrado por las calles de Roma por un caballo blanco, y en los caminos quedarán la huella de su sangre y los rasgos de su piel. Sólo entonces se descubrirá que el hombre venerado en realidad era una sucia serpiente.»

Evidentemente Rasputín no alude ni a un papa-móvil ni a un funeral, quizá nos está mencionando un atentado al papa mientras pasea con su blanco vehículo, y cuya sangre metafóricamente se va expandiendo por las calles. Aun así, con este episodio no termina todo, ya que el místico ruso prevé aún más sucesos:

> «Y cuando surja la luz del nuevo día, las fuentes de Roma estarán llenas de sangre humana, Y muchos cuerpos de poderosos serán descuartizados y arrojados a los cuatro ángulos de la ciudad hasta que se marchiten separados… Roma purificada no será ya más Roma.»

Con predicciones como éstas sobran las glosas, y es fácil que cada uno pueda alcanzar sus propias conclusiones.

ANEXOS

Anexo 1

Entender las profecías

Babilonia, Mesopotamia, Egipto… todas las grandes culturas llamadas clásicas han tenido profetas. Ello es extensible a otros grupos culturales, como los precolombinos, donde el don de ver más allá de lo establecido, más allá del espacio y del tiempo, se ha hecho latente. La profecía no es nueva, al contrario. Podría decirse que es uno de los métodos más antiguos a disposición del ser humano para conectar con otros planos de realidad.

La naturaleza profética

Entendemos que el profeta es aquel hombre o mujer que tiene el don o privilegio de conectar con la misma esencia de Dios. Ejemplos de ello los vemos en los profetas bíblicos y, cómo no, en el profeta coránico Mahoma, pero además de esta vinculación directa con la divinidad, existen otros personajes que también sintonizan con ese algo de nombre indefinido obteniendo, a través de símbolos y señales, información respecto de lo que está por llegar.

No podemos afirmar categóricamente que la naturaleza profética sea un don. Es más, en realidad se nos antoja como una condición, en principio natural, que deberían cumplir los humanos para evolucionar. Jung afirmó, a través de sus tesis, que la humanidad está conectada con un todo global, superior e inconmensurable, al que llamó «inconsciente colectivo». Einstein, padre de la teoría de la relatividad, nos enseñó que el espacio y el tiempo son relativos, y que de alguna forma las fronteras de lo que entendemos como ayer, hoy y mañana no son más que una metáfora a la que recurrimos continuamente para poder entender de dónde venimos y hacia dónde vamos.

En resumen, podríamos decir que la naturaleza profética es la ruptura del tiempo y, por tanto, la capacidad de efectuar saltos en él para recibir información.

El método profético

¿Es profeta el vidente, astrólogo o cartomante? De los tres ejemplos sólo uno se acercaría al concepto global de profecía. La profecía en sí no es una «mancia», porque no utiliza un método externo al profeta. El astrólogo precisa de sus cálculos astrales y planetarios para realizar la predicción. El cartomante recurre a las láminas del Tarot u otro tipo de barajas, como los naipes franceses o las cartas españolas, para obtener una señal. El runólogo o runomante recurre a la lectura e interpretación de los signos atávicos marcados en cantos rodados para obtener una señal. De entre todos ellos y demás especialistas que no citamos, el único que en teoría no precisa de soporte externo es el vidente.

¿Entendemos que Julio Verne fue vidente dada su gran capacidad de anticipación a hechos tecnológicos que estaban por llegar? No. Su capacidad rozaría más la profecía que la videncia. ¿Dónde está la diferencia? En que el vidente rara vez percibe hechos alejados de su entorno o familiaridad, mientras que el profeta lo suele ser de un modo global.

Es cierto que algunos videntes han conectado con el don de la profecía, pero el profeta tiene una vinculación a más largo alcance.

Existen profetas locales que han especializado sus predicciones proyectándolas sobre las ciudades o estados en los que viven, y otros de carácter mundial que, como Nostradamus, parecen hablarnos de acontecimientos que pueden suceder en cualquier lugar del mundo.

El método profético suele ser bastante simple. El profeta recibe una información a través del sueño, las visiones o «algo» que le inspira. A partir de este momento, está en sus manos y en su capacidad analítica y simbólica el hecho de poder traducir adecuadamente aquello que ha captado. Sin embargo, muchas veces el visionario no entiende o no sabe qué explicación dar y simplemente se limita a transmitir una parábola, frase o concepto que sólo el tiempo y la observación sabrán dar el correcto significado.

Favorecer la profecía

Un estado modificado de la conciencia, un ayuno prolongado, la carencia de sueño, la ingesta de sustancias psicoactivas o los rituales de trance, pueden desencadenar la aparición de visiones. Que sean proféticas o no es otro tema.

El mencionado Julio Verne padecía, al parecer, un importante desarreglo químico interno. La diabetes que sufría generaba modificaciones de la química endógena. ¿Son profetas los diabéticos? Evidentemente no. Aun así, si un diabético o persona con alteraciones químicas u hormonales posee cierta sensibilidad, inteligencia, capacidad de anticipación y metodología proyectiva, además de gran creatividad y, en el caso de Verne, una enorme información y formación cultural y académica, es fácil que sí se dé la profecía.

En esta obra no hemos contemplado la posibilidad de tener a Julio Verne como profeta. Si aludimos a él es para que podamos comprender que lamentablemente la profecía puede ser manipulada si cae en manos de supuestos visionarios de extrañas filiaciones, tunantes o mediáticos videntes de dudosa formación y más incierta todavía cultura académica.

El peligro del engaño

Curiosamente todos los videntes del campo audiovisual habían percibido los atentados de las Torres Gemelas. Singularmente todos lo dijeron cuando este hecho ya había pasado. No se tiene constancia clara y demostrable, como por ejemplo una declaración por escrito ante un notario, de una persona sensitiva que días antes del atentado comunicase que éste acontecería.

El peligro del engaño, en el caso de las profecías, no sólo está en una dudosa interpretación o en una acomodaticia versión. Reside también en que ocasionalmente y de buena fe, el visionario cree haber tenido una revelación magna cuando realmente no es así. De la misma forma puede suceder que, influido por convicciones o condicionantes religiosos, sociales y, cómo no, políticos, el visionario se deje llevar por estas circunstancias que le rodean a la hora de traducir su profecía.

Lamentablemente la profecía no sólo se manipula sino que además se acostumbra a adecuar a fechas, lugares y situaciones que resultan interesantes para quien la traduce o interpreta.

La metáfora profética

Es evidente que la reinterpretación continua de un concepto profético de carácter abstracto, como por ejemplo las Centurias de Nostradamus, sirven no sólo para enriquecer la metáfora, sino también para poder comprenderla adecuadamente cuando «toca», es decir, cuando se supone que la manifestación de la entidad superior o del citado inconsciente colectivo debe ser revelada.

Muchos visionarios y profetas han sido categóricos en sus predicciones y generalmente han dado una fecha en la que acontecería aquello que veían. En estos casos, cuando prescribe la fecha uno se da cuenta de que el profeta de turno, salvo honrosas y escasísimas excepciones, sigue acumulando errores más o menos tergiversados. Por eso lo interesante son las metáforas proféticas que carecen de fecha.

Desde un prisma evolutivo y enriquecedor para nuestra conciencia, debemos entender que la profecía es una herramienta o recurso que el destino pone en nuestras manos para jugar con sus guiños. En mi obra respecto de las casualidades publicada por esta misma editorial (*Los guiños del destino*, Robinbook, 2003) ya indiqué que el destino conspira para que abramos los ojos. Nos regala claves, señales y dosificadas informaciones que un día u otro tendrán un sentido.

En el caso de las profecías, su trascendencia está en la revelación, no en quién las tiene ni tampoco en aquel que las traduce o explica. La auténtica utilidad puede alcanzarla la persona que, como individuo, sabe comprender que algo va a suceder.

Las profecías que no tienen fecha nos permiten buscar, investigar y jugar a encontrar explicaciones. Despiertan la mente del sujeto, enriquecen su intelecto y, por supuesto, aunque no sea profeta, le conectan mejor con ese gran todo que es el universo en el que vivimos.

Utilizar las profecías

Si partimos de la base de que uno de nuestros objetivos como especie supuestamente inteligente es evolucionar, entonces saber entender las profecías e investigarlas, y descubrir en ellas un significado que nos resulte útil, nos servirá como elemento evolutivo. Quizá nos permita incluso salvar nuestra vida o mejorar sus condiciones, aunque posiblemente no nos evitará tener que enfrentarnos a nuestro destino.

El lector puede pensar que le estamos haciendo un flaco favor al instigarle a trabajar e indagar por su cuenta, y que, en realidad, un libro como éste debería abogar por la traducción clara y concisa de hechos, situaciones y fechas. Posiblemente sí, pero el hecho de hacerlo no implica que se esfuerce en trabajar para sí mismo y en desvelar la multiplicidad de hechos coincidentes, solapados o no, que suceden en todo el mundo y que sí son proféticos.

Si le dijéramos al lector que, según el manuscrito del bachiller Gonzalo de Marín hallado en una cueva de los Monegros, se presagia con total claridad que el 31 de abril del 2010 «la gran roca enviada por nuestra Señora caerá con la fuerza de miles de santas Bárbara allí donde la España es ancha y arrasará la vida por doquier, matando e hiriendo incluso a lusos y galos», ¿de qué le serviría?

Un correcto uso del material profético requiere un seguimiento continuo vinculado a nuestra vida, generando visiones en perspectiva y globales de aquello que sucede. Requiere también análisis y estudio, pues de lo contrario caeremos en manos desaprensivas. Tan desaprensiva como la que esto escribe, que para hacerle un guiño al lector se ha inventado la existencia de un texto que jamás fue escrito ni redactado por un bachiller, que sólo ha vivido en su imaginación durante escasos minutos, y que encima se permitía el lujo de realizar un vaticinio para un día que –el lector se habrá dado cuenta– no figura en el calendario, el 31 de abril.

En resumen, a través de las páginas que preceden este texto, hemos visto la conjunción de dos visiones de la existencia que nos tienen que servir para pensar y evolucionar: las posibles amenazas reales a las que estamos sometidos y su contrapartida o advertencia profética que muchas veces es coincidente. Tener estas dos vías de conocimiento no garantiza ni que no fallezcamos ni que seamos felices. Sin embargo, estoy seguro de que nos ayuda a comprender que no vivimos en un mundo tan simple como a veces queremos imaginar, que no somos sino una parte minúscula de un plan cósmico o divino, y que la única opción que tenemos es intentar «salirnos del programa», y además de ser concientes de nosotros mismos, darnos cuenta de que aunque no lo entendamos ni sepamos qué hacer, existe dicho programa.

Anexo 2

Algunos de los visionarios y profetas más relevantes

Albert Sauvageau

Sacerdote y místico que a finales del siglo XVII predijo las dos guerras mundiales y pronosticó, para nuestros días, unas situaciones tan complejas que provocarían que el planeta viviera tres días de perpetua oscuridad.

Anna Catalina Emmerich

Monja de la orden agustina que revivió las heridas de la corona de espinas así como todos los estigmas de Jesucristo. La mayoría de sus profecías se producen a principios del siglo XIX y se centran en pronosticar días de oscuridad total, guerras prácticamente mundiales que podrían implicar la devastación de numerosas ciudades.

David Wilkerson

Es uno de los más relevantes profetas y videntes contemporáneos. Muchas de sus visiones han sido catastróficas, la mayoría de ellas aluden a las desgracias que le tocará vivir al ser humano al ser castigado por Dios.

El profeta ha predicho, entre otras cosas, drásticos cambios de tiempo, efectos similares a los que se esperan con el desarrollo del cambio climático, así como terremotos y tsunamis.

Edgar Cayce

Vidente y profeta que comenzó a darse a conocer en la segunda mitad del siglo XX. Durante toda su vida poseyó ciertas capacidades paranormales que llegó a afirmar que le asustaban. Se rumorea que a partir de los años sesenta, junto a un selecto grupo de sensitivos, colaboró con los servicios secretos americanos, a los que les brindó sus visiones y profecías.

Cayce ha predicho contiendas mundiales, remodelaciones geográficas y hundimientos en el planeta debidos a tsunamis y terremotos. Ha vaticinado incluso el resurgimiento de la Atlántida y, con ella, el descubrimiento de una antigua cultura maravillosa. Dentro de las predicciones más cruentas ha vaticinado la destrucción de las principales ciudades americanas así como la devastación y destrucción de Nueva York.

Elena Ahiello

Se desconoce la fecha de su nacimiento, pero se sabe que murió en 1961. Conocida popularmente como la «monja santa» ha padecido diversos estigmas vinculados a la pasión de Cristo, quien según ella se le apareció en varias ocasiones dándole mensajes reveladores sobre el futuro de la humanidad. Ha previsto graves castigos divinos que caerán sobre la

Una gran ola devastadora arrasará Nueva York según muchos profetas. Los terremotos pueden provocar tsunamis que se caracteri-
zan por el poder destructor de su oleaje.

humanidad haciéndola sufrir, incluyendo la posibilidad de
que alguno de ellos sea el impacto de un gran meteorito que
generará varios días de oscuridad total y tinieblas.

Elena G. White

Considerada como profetisa de la divinidad, se popularizó a
través de sus predicciones y visiones a finales del siglo XIX.
Pronosticó, entre otros, graves incendios e inundaciones, terremotos, graves situaciones de crisis socioeconómica a
escala mundial.

Heinrich Heine

Judío alemán que ha destacado en el mundo de la profecía
por sus vaticinios alusivos a los posibles atentados que pue-

den sufrir los santos padres de la Iglesia católica y al fin de los tiempos que podría sobrevenir al tener lugar el final del papado. Se le atribuye, como profecía principal, el pronóstico acertado que realizó acerca de la elección del actual papa Benedicto XVI.

Faustina Kowalska

Religiosa polaca nacida en 1905 y fallecida repentinamente en 1933, después de haber tenido sucesivas revelaciones que ella atribuía a Jesús.

La mayoría de sus augurios se han caracterizado por aludir a un posible castigo que sería infringido por Dios a los humanos a través de numerosos días de oscuridad total en los cielos.

Gordon Scallion

Profeta que en el año 1980 tuvo revelaciones tras perder la voz y ser ingresado en un hospital. En las instalaciones clínicas vio una luz que terminó por conformar la imagen de una mujer, quien le vaticinó accidentes aéreos, cambios climáticos y terremotos. Su contacto con el «más allá», así como una serie de sueños consecutivos durante veintinueve noches, le revelaron los grandes cambios geográficos que viviría el planeta.

Scallion ha llegado a diseñar un mapamundi en el que se refleja cómo será la Tierra tras producirse los grandes cataclismos pronosticados.

Gregori Rasputín

Conocido como «el monje loco», nace en 1972 y ya desde el mismo momento se configura como un personaje especial dotado de un profundo poder místico al que se le añadiría la supuesta capacidad de poder curar enfermedades, parar las hemorragias y predecir el futuro.

Fue famoso por las sanaciones al hijo de la zarina, el heredero del trono ruso, que padecía la enfermedad de la hemofilia. No logró sanarlo del todo, pero consiguió un gran alivio realizando sesiones de hipnosis. Este hecho le facilitó la confianza de la zarina Alejandra Fiodorovna, esposa del zar Nicolás II de todas las Rusias, lo que le valió a Rasputín la entrada a la corte, con lo que poco a poco se ganó su confianza.

Entre otras cosas, Rasputín pronosticó la Revolución Rusa, guerras mundiales y el final de la Iglesia. En cuanto a fenómenos naturales, auguraba graves terremotos.

Rasputín, profeta y místico ruso, rodeado por algunos de sus más fervientes seguidores.

Jean Dixon

Era conocida como «la vidente del Capitolio» ya que supuestamente asesoró con sus profecías a varios presidentes norteamericanos. La vidente, nacida en la década del veinte, predijo entre otros los asesinatos de Gandhi y de Kennedy, y auguró para Estados Unidos un gobierno conspirador dentro del propio Gobierno. Ha vaticinado la llegada del Anticristo así como el peligro que esto supondría para la paz internacional.

Juan de Jerusalén

Se supone que fue uno de los fundadores de la orden del Temple. Se ha popularizado por su obra denominada *Protocolo secreto de las profecías*, un libro que supuestamente leyó Nostradamus y le sirvió de inspiración para sus cuartetas.

El tratado profético de Juan de Jerusalén permaneció oculto durante siglos, hasta que fue encontrado en el transcurso de la Segunda Guerra Mundial.

Entre otras cosas, el profeta vaticinó cruzadas entre distintas culturas religiosas, grandes pestes y epidemias que asolarían a la humanidad, así como el posible fin del papado. Manifestó también la posibilidad de un cambio climático, con todas sus repercusiones.

Mario Sábato

Clarividente y profeta francés del siglo XX, que ha destacado por insistir en que se llevará a cabo un gran conflicto internacional en el que China será la gran protagonista. Este vidente augura una alianza entre Europa, Rusia y Estados Unidos para luchar contra el «gigante de oriente». También ha presagiado el final del papado.

Michelle de Nostradamus

Célebre médico, matemático y astrónomo francés, nacido en Salón en 1503, y fallecido a los 62 años, en 1566.

Nostradamus vivió largo tiempo aislado, debido a que la muerte se cernió sobre su familia a la que él no pudo salvar siendo médico, puesto que todos fallecieron a causa de la peste. Se supone que ese retiro voluntario fue aprovechado por el profeta para redactar su obra de vaticinio conocida como «las Centurias», una enorme cantidad de profecías escritas en lenguaje críptico y agrupada en «cuartetas».

San Malaquías

Monje y sacerdote nacido en Irlanda en el año 1094, que alcanzó la santidad gracias a ser reconocido por sus poderes de clarividencia, así como por sus capacidades de levitación. Fue un gran amigo de san Bernardo de Claraval, de quien se dice fue uno de los fundadores de los templarios.

Son famosas sus profecías sobre los papas, a los que describió utilizando un lema descriptivo que aludía a su procedencia y posible mandato.

San Nilo

Monje y ermitaño que pronosticó, en torno al siglo V de nuestra era, la llegada del Anticristo para el segundo milenio, lo que comportaría, según él, graves desasosiegos en el seno de la Iglesia.

Índice